내 몸이 나에게 보내는 신호 이해하기
찌릿찌릿 내 몸 시그널

초판 1쇄 발행 2023년 9월 14일

글쓴이 김정훈
그린이 최경식

편집장 천미진 | **편집책임** 김현희 | **편집** 최지우
디자인책임 최윤정 | **마케팅** 한소정 | **경영지원** 한지영

펴낸이 한혁수 | **펴낸곳** 도서출판 다림 | **등록** 1997. 8. 1. 제1-2209호
주소 07228 서울시 영등포구 영신로 220 KnK 디지털타워 1102호
전화 02-538-2913 | **팩스** 070-4275-1693 | **전자 우편** darimbooks@hanmail.net
블로그 blog.naver.com/darimbooks | **다림 카페** cafe.naver.com/darimbooks

ISBN 978-89-6177-318-8 (73470)

ⓒ 2023 김정훈, 최경식

이 책 내용의 일부 또는 전부를 사용하려면 반드시 저작권자와 도서출판 다림의 서면 동의를 받아야 합니다.
책값은 뒤표지에 있습니다.

 | **제품명:** 찌릿찌릿 내 몸 시그널 | **제조자명:** 도서출판 다림 | **제조국명:** 대한민국
전화번호: 02-538-2913 | **주소:** 서울시 영등포구 영신로 220 KnK 디지털타워 1102호
제조년월: 2023년 9월 14일 | **사용연령:** 10세 이상
※KC마크는 이 제품이 공통안전기준에 적합하였음을 의미합니다. | ⚠ 주 의

아이들이 모서리에 다치지
않게 주의하세요.

찌릿찌릿 내 몸 시그널

내 몸이 나에게 보내는 신호 이해하기

김정훈 글　최경식 그림

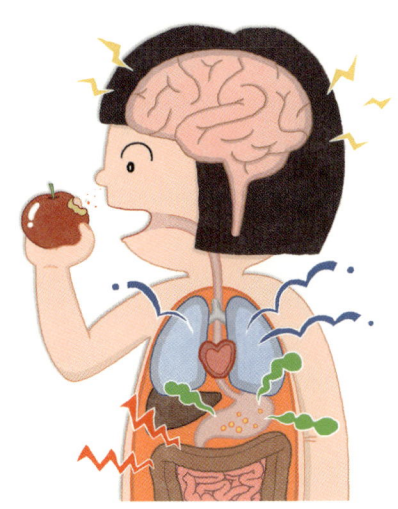

다림

작가의 말

　어떤 것이든 너무 자주 보면 특별하지 않게 느껴집니다. 우리 인간도 그렇습니다. 지구에는 80억 명의 인간이 살고, 매일 거울로 보는 내 모습은 익숙해서 하나도 특별하게 느껴지지 않습니다.

　그런데 이제 막 부모가 된 사람은 그렇지 않은가 봅니다. 갓난아이의 작은 얼굴에 눈, 코, 입이 있는 게 신기하고, 손가락 10개가 꼬물거리는 모습도 신기하고, 숨 쉬는 것도 신기합니다. 그뿐인가요. 주변 환경에 반응해서 웃고, 울고, 어느새 말을 배워 부모와 이야기를 나눕니다. 살아 있다는 것 자체로 얼마나 아름다운지 모릅니다.

　조금만 자세히 들여다보면, 너무 익숙해서 특별하지 않다고 느꼈던 인간이 얼마나 놀라운 존재인지 발견하게 됩니다. 이 세상의 그 어떤 복잡하고 정교한 기계도 우리 인체와 비교할 수 없습니다. 게다가 이렇게 복잡한데도 큰 고장 없이 100년 가까이 살아갑니다.

    80억 명의 인간 중에 똑같은 존재가 단 하나도 없다는 사실도 놀랍습니다. 우리는 모두 다른 개성과 인격과 자아를 갖고 있습니다. 이렇게 대단한 우리의 몸은 다양한 시그널로 우리와 소통하고 싶어 합니다.

    졸릴 때 하품이 나는 이유는 무엇일까요? 매운 음식을 먹으면 땀과 콧물이 흐르는 건요? 배가 고플 때 꼬르륵 소리가 나고, 배가 부르면 트림을 하는 이유는 무엇일까요? 우리는 우리 몸이 보내는 이러한 시그널을 알아채고 적절한 대응을 하면서 살아갑니다. 매 순간 우리 몸과 대화를 하고 있는 셈이죠. 자 그러면, 우리 몸이 보내는 신비롭고 놀라운 시그널을 찾으러 떠나 볼까요?

김정훈

작가의 말 ———————— 4

1장 내 몸의 기둥, 뼈와 근육이 보내는 시그널
근골격계

우리 몸의 뼈는 모두 몇 개일까? ———————— 12
뼈는 어떤 일을 할까? ———————— 15
뼈와 뼈를 연결하는 관절 ———————— 18
  tip 우주에서 키가 커지는 이유는? ———————— 20
모든 움직임의 이유, 근육 ———————— 21
근육 운동의 원리 ———————— 22

2장 씹고, 뜯고, 맛보고, 즐기는 소화 시그널
소화계

음식이 들어가는 입구, 입과 식도 ———————— 26
나쁜 음식으로부터 우리 몸을 지키는 성, 위 ———————— 29
소화 효소의 중심, 십이지장 ———————— 32
  tip 우리 몸에 꼭 필요한 3대 영양소 ———————— 33
영양소를 흡수하는 소장 ———————— 34
배출을 기다리는 곳, 대장 ———————— 36

| 3장 | 들숨 날숨, 호흡에 숨은 시그널
호흡계 |

세포가 살기 위한 조건	40
코에서 허파까지	42
허파에서 일어나는 일	43
tip 피부로 호흡하는 동물이 있다고?	45
근육 없는 허파는 어떻게 움직일까?	46
소리 내는 원리	48

| 4장 | 내 몸의 고속 도로, 순환 시그널
순환계 |

순환의 중요성	52
산소와 영양소를 운반하는 피	55
순환의 중심, 심장	57
tip 심장을 다시 뛰게 하는 자동 심장 충격기	59
제2의 피, 림프	60
스스로 치료하는 면역 기관	62

5장 우리 몸의 정수기, 배설 시그널
배설계

오줌은 배설이고 똥은 배출인 이유	66
tip 우리 몸에서 가장 먼저 만들어지는 구멍은 뭘까?	67
우리 몸의 정수기, 콩팥	68
오줌이 만들어지는 과정	70
또 다른 배설 기관, 땀샘	72
그 밖에 몸 밖으로 내보내는 것들	73

6장 세상과 소통하는 감각 시그널
감각 기관

우리 몸의 카메라, 시각	78
소리를 듣게 해 주는 청각	81
tip 고막이 없어도 들을 수 있다고?	83
우리 몸에서 가장 섬세한 센서, 후각	84
향과 맛, 촉감으로 느끼는 미각	86
가장 큰 감각 기관, 피부	88

7장 우리 몸을 통제하는 명령 시그널
신경계

우리 몸의 통신망, 신경계	92
우리 몸의 선장, 뇌	94
tip 기억력이 좋아지려면?	97
시그널을 주고받는 신경 세포	98
내 몸이 멋대로! 저절로 행동하는 반사	100
조용한 지배자, 호르몬	102

8장 놀라운 탄생! 생명의 시그널
생식계

남녀의 차이가 생기는 2차 성징	108
남자의 생식 기관	110
여자의 생식 기관	112
정자가 난자와 만나기까지	114
수정란이 아기가 되기까지	116
tip 불치병 치료로 주목받는 줄기세포	119

1장

내 몸의 기둥, 뼈와 근육이 보내는 시그널
근골격계

찰흙으로 인체 모형을 만들어 본 적이 있나요? 이때 찰흙만으로는 다양한 모습을 표현하기가 어려워요. 찰흙이 중력을 버티지 못하고 우수수 무너지니까요. 그래서 미술가들은 먼저 철사나 나무 등으로 뼈대를 만들고, 거기에 찰흙을 붙이는 방식으로 인체 모형을 만든답니다. 우리 몸에서 철사와 찰흙의 역할을 하는 부위는 뼈와 근육입니다. 만약 뼈와 근육에 문제가 있다면 우리는 원하는 장소로 걸어가는 것도, 손으로 음식을 집는 것도, 미소를 짓는 것도, 심지어 숨을 쉬는 것도 불가능해요. 이렇게 중요한 뼈와 근육은 우리에게 어떤 시그널을 보내고 있을까요?

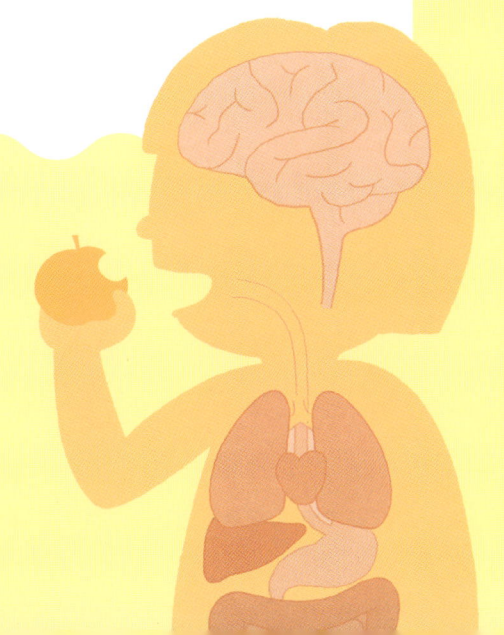

🔍 **시그널 찾기**

뼈를 직접 보고 싶다고요? 입을 벌리고 거울을 봐요. 치아는 뼈와 비슷한 성분으로 이뤄진 아주 단단한 부위랍니다.

우리 몸의 뼈는 모두 몇 개일까?

우리 몸에서 뼈가 없는 부위는 찾아보기 힘들어요. 뼈는 모두 몇 개일까요? 나이에 따라 다른데요. 태어날 때는 약 300개의 뼈가 있지만 성장하면서 어떤 뼈는 다른 뼈와 합쳐져 하나가 돼요. 그래서 성인이 되었을 때 평균 206개의 뼈를 갖고 있답니다.

몸에서 가장 많은 개수의 뼈로 이루어진 기관은 손이에요. 손 하나에는 14개의 손가락뼈, 5개의 손허리뼈, 8개의 손목뼈가 들어 있어서 합하면 무려 27개의 뼈로 구성돼 있습니다. 발은 손보다 하나 적은 26개의 뼈로 구성돼 있어요. 손과 발은 2개씩 있으니 손발의 뼈를 모두 합하면 106개나 됩니다. 온몸의 뼈 개수에서 손과 발이 차지하는 비율이 50퍼센트가 넘는다는 얘기죠.

뼈의 모양과 크기는 역할에 따라 모두 달라요. 우리 몸에서 가장 큰 뼈는 넙다리뼈예요. 대퇴골이라는 이름으로도 불리는 이 뼈는 우리 허벅지에 있답니다. 엉덩이에 있는 골반 옆에서 시작해 무릎에서 끝나는 길이로, 평균적인 성인 남성의 넙다리뼈는 48센티미터에 이릅니다. 이 뼈가 길수록 키가 커져요.

반대로 우리 몸에서 가장 작은 뼈는 등자뼈로 놀랍게도 우리 귓속에 있어요. 귀 한쪽에는 아주 작은 뼈 3개가 들어 있어요. 망치를 닮은 망치뼈, 대장간에서 쇠를 두드릴 때 받침으로 쓰는 모루를 닮은 모루뼈 그리고 등자뼈가 그 주인공이에요.

이 3개의 뼈는 고막에 전달된 소리 신호를 키워서 신경에 전달하는 역할을 해요. 등자뼈는 그중에 고막에 붙어 있는 가장 작은 뼈로, 길이가 2밀리미터밖에 되지 않아요. 말을 탈 때 발을 올려놓는 곳을 등자라고 하는데, 이것과 똑같이 생겨서 이런 이름이 붙었답니다. 다음 사진은 10유로 센

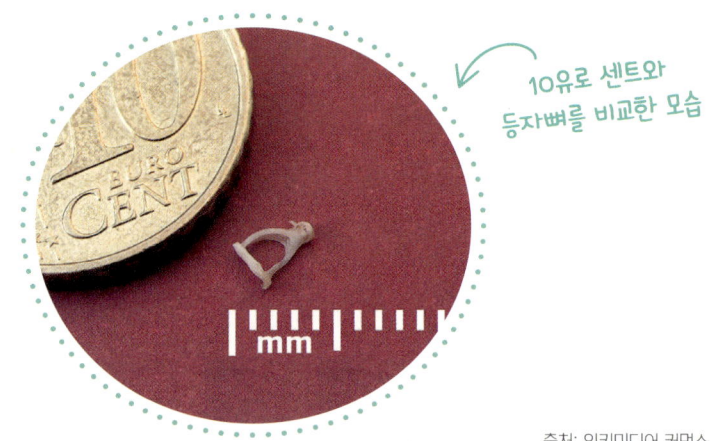

10유로 센트와 등자뼈를 비교한 모습

출처: 위키미디어 커먼스

트 동전과 등자뼈를 비교한 사진이에요. 정말 작지요?

우리 몸의 모든 기관 중에서 뼈는 가장 단단하고 강한 조직이에요. 뼈가 단단한 이유는 칼슘이라고 부르는 미네랄이 잔뜩 들어 있기 때문이에요.

뼈는 콜라겐 등 단백질로 된 섬유와 칼슘으로 이루어져 있어요. 두 가지 요소가 서로 엉기고 밀집해 뼈를 단단하게 만들어요. 뼈의 겉은 치밀하고 촘촘한 조직으로 되어 있고, 안쪽은 스펀지처럼 작은 구멍들이 송송 뚫려 뼈가 충격을 흡수할 수 있게 도와줘요.

뼈는 단단할 뿐만 아니라 가볍기도 해요. 인간의 뼈는 전체 체중에 약 15~18퍼센트 정도를 차지해요. 예컨대 50킬로그램의 체중을 가진 사람의 뼈 무게는 10킬로그램도 되지 않아요. 같은 강도의 쇠로 인간의 뼈를 만든다면, 아무리 가볍게 해도 지금보다 네다섯 배는 무게가 더 나갈 거예요. 최신 과학 기술로도 뼈만큼 단단하고 가벼운 구조물을 만드는 건 쉽지 않을 정도예요.

🔍 **시그널 찾기**

갈비뼈에 양손을 올리고 호흡해 봐요. 갈비뼈의 움직임이 느껴지나요? 뼈가 우리 몸을 지키며 쉴 새 없이 움직이고 있다는 시그널이랍니다.

뼈는 어떤 일을 할까?

뼈는 우리 몸에서 어떤 역할을 할까요? 가장 기본적으로 찰흙 작품의 철사처럼 우리 몸을 지탱하고 있어요. 뼈 중에서는 우리 몸의 정중앙을 버티고 있는 목뼈와 척추뼈, 원하는 대로 움직이게 해 주는 팔다리뼈 등이 이 역할을 가장 잘 수행하고 있죠. 만약 뼈가 없다면 우리는 움직이는 건 둘째 치고, 제대로 서 있기도 어려울 거예요.

뼈의 두 번째 역할은 우리 몸의 중요한 장기들을 보호하는 거예요. 머리뼈는 뇌를, 갈비뼈는 심장과 허파를, 골반은 내장을 외부 충격에서 보호합니다. 특히 머리뼈는 매우 단단한 뼈들이 한 치의 빈틈도 없이 치밀하게 연결돼 있어요. 머리뼈가 어떻게 생겼는지는 모두 알 겁니다. 게임이나 영화에서 괴물 역할로 해골이 빠짐없이 등장하니까요.

그러나 머리뼈를 아래에서 올려다본 적은 별로 없을 거예요. 머리뼈는 그림처럼 신경이 들어가는 부위를 제외하고는 사방이 모두 막혀 있습니다. 그야말로 완벽하게 뇌를 보호하고 있는 거죠.

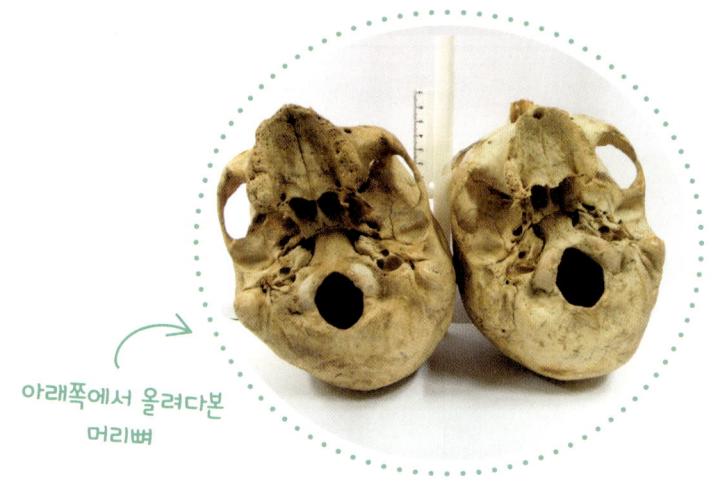

아래쪽에서 올려다본 머리뼈

출처: 위키미디어 커먼스

세 번째 뼈의 역할은 잘 알려지지 않았는데, 바로 피를 만드는 거예요. 제대로 들었는지 모르겠다고요? 네, 우리가 아는 그 피를 만드는 기관이 바로 뼈입니다. 조금 더 정확하게 말하자면, 피의 주성분이면서 매우 중요한 역할을 하는 적혈구, 백혈구, 혈소판 등을 뼈가 만들어요. 이들의 역할은 나중에 다시 얘기할게요.

뼈는 매우 단단해서 성장이 이미 다 끝난 조직이라고 오해받기 쉬워요. 하지만 뼈는 다른 세포들처럼 왕성하게 생명 활동을 하고 있죠. 뼈의 내부에는 골수라고 부르는 스펀지처럼 부드러운 조직이 있어요. 이곳이 바로 피를 만드는 공장이에요. 여기에서 만들어진 피는 뼈와 연결된 혈관을 통해 온몸으로 퍼집니다.

🔍 시그널 찾기

기지개를 켤 때 우두둑 소리가 난 적 있나요? 손가락을 꺾을 때도 종종 들리는데요, 관절 속의 작은 공기 방울이 터지는 소리랍니다.

뼈와 뼈를 연결하는 관절

혼자 존재하는 뼈는 거의 없어요. 온몸의 뼈는 서로 연결돼 있어요. 뼈와 뼈가 연결된 부위를 관절이라고 부릅니다. 관절이 없다면 우리는 뻣뻣하게 고정된 자세로만 있어야 할 거예요. 뼈가 관절을 중심으로 움직이기에 우리는 섬세한 동작부터 역동적인 동작까지 모두 해낼 수 있어요.

손가락을 만져 볼까요? 손가락 맨 끝에 있는 관절 2개는 접히고 펴는 방향으로만 움직일 수 있어요. 하지만 세 번째 관절은 앞뒤는 물론이고 좌우로도 움직일 수 있죠. 이 덕에 우리는 손가락을 오므릴 수도, 쫙 펼 수도 있답니다. 아래 표에서 우리 몸의 관절이 어떻게 움직이는지 직접 확인해 봅시다.

관절	어떻게 움직이나요?		
	접고 펴기만 가능	회전 가능	움직이지 않음
손목 관절		●	
팔꿈치 관절	●		
어깨 관절		●	
머리뼈 관절			●
무릎 관절	●		

우리가 움직일 때마다 뼈와 뼈 사이에 마찰이 일어납니다. 마찰이 자주 일어날수록 뼈는 쉽게 자극받고 닳을 거예요. 그래서 뼈와 뼈를 연결하는 관절은 매우 매끄러운 관절 연골로 덮여 있어요. 관절 연골은 얼음과 얼음이 맞닿아 있는 것보다 더 미끄러워요. 또 두 뼈 사이에 윤활 액체가 들어 있어서 뼈가 움직일 때 마찰을 줄여 주고 관절에 영양분을 준답니다. 이 주위를 튼튼한 인대가 에워싸서 관절을 보호합니다.

특별히 큰 힘을 받는 무릎, 척추뼈, 발뒤꿈치 등에는 별도의 연골이 들어 있어요. 물렁뼈라고도 부르는 연골은 특이한 조직입니다. 뼈인데 딱딱하지 않고 늘어나는 성질이 있어요. 뼈와 근육의 중간 정도의 성질이죠. 이 연골이 높은 곳에서 뛰어내리는 등 충격이 큰 활동을 할 때 일종의 쿠션 역할을 해서 관절과 뼈를 보호합니다. 흔히 성장판이라고 하는 뼈끝판도 연골로 이루어진 부위예요. 뼈의 길이, 즉 키를 좌우하는 이 부위가 단단한 뼈 조직이 되었을 때 성장판이 닫혔다고 한답니다.

연골은 우리 얼굴에도 있어요. 콧등을 만져 보면 약간 말랑말랑할 거예요. 여기가 바로 연골이 들어 있는 부위입니다. 귀 안쪽에도 연골이 있어요. 만져 보면 코와 비슷하다는 걸 바로 알아챌 거예요.

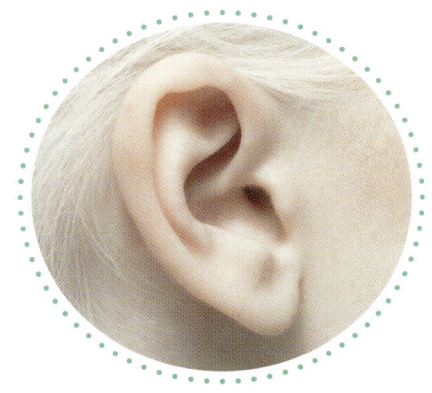

tip

우주에서 키가 커지는 이유는?

우리 몸의 척추는 33개의 척추뼈가 아코디언처럼 촘촘히 연결돼 있어요. 척추뼈와 다른 척추뼈 사이에는 '추간판'이라는 조직이 들어 있죠. 지구에서 똑바로 서 있을 때는 중력으로 인해 추간판이 눌려 있지만, 중력이 없는 우주에서는 척추뼈와 다른 척추뼈 사이의 거리가 늘어나게 됩니다. 그래서 우주에 가면 적게는 3센티미터, 많게는 7센티미터까지 키가 커진다고 해요. 하지만 지구로 돌아오면 키가 원상태로 돌아가니 좀 아쉽죠?

🔍 시그널 찾기

타자를 칠 줄 아나요? 단순한 동작이라고 생각할 수 있지만 사실은 손에 있는 24개의 근육이 수축과 팽창을 반복하며 운동하고 있는 거랍니다.

모든 움직임의 이유, 근육

동물과 식물의 대표적인 차이점은 바로 움직인다는 겁니다. 동물은 식물에는 없는 근육을 갖고 있기에 움직일 수 있습니다. 동물의 다채로운 움직임은 모두 근육이 만든다고 해도 과언이 아니에요. 멋진 '알통'이나 '복근'만 근육이 아닙니다. 우리 몸 내부에서 소화를 담당하는 위와 창자, 피를 순환시키는 심장 등도 모두 근육 조직입니다.

근육의 중요성이 큰 만큼, 근육이 우리 몸에서 차지하는 비율은 매우 높아요. 사람마다 차이는 있지만, 평균적으로 근육은 우리 몸무게에서 40퍼센트를 차지합니다. 에너지를 저장하는 지방이 15~25퍼센트, 뼈가 18퍼센트, 피부 8퍼센트, 혈액 8퍼센트 정도이니 근육이 몸무게에서 얼마나 많은 부분을 차지하고 있는지 알 수 있죠.

근육은 우리 의지로 움직일 수 있느냐, 없느냐에 따라서 수의근과 불수의근으로 나뉩니다. 쉽게 말해서 팔다리, 손가락처럼 우리가 움직이라고 명령했을 때 움직이는 근육이 수의근이에요. 반대로 심장이나 내장과 같이 우리가 동작을 멈추거나 움직이라고 명령할 수 없는 근육이 불수의근입니다.

생명과 직접적으로 연결된 장기의 운동을 스스로 제어할 수 없도록 우리 몸이 설계된 셈이죠. 수의근은 검붉은 가로무늬가 있어 가로무늬근이라고 부르고, 불수의근은 무늬가 없어 민무늬근이라고도 부른답니다.

🔍 시그널 찾기

왼 손바닥을 책상에 놓은 다음 집게손가락을 까닥하고 위로 들어 올려 봐요. 지금 어떤 근육이 쓰였을까요? 내 몸이 보내는 시그널을 직접 느껴 보세요.

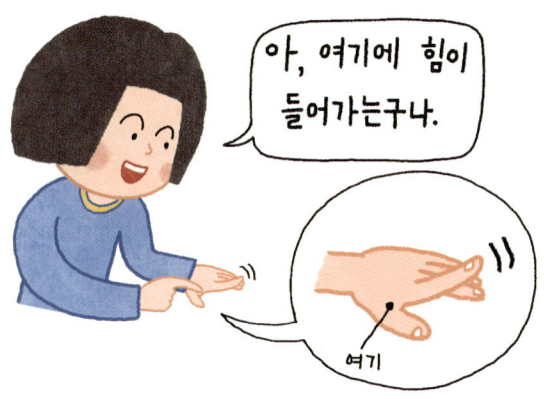

근육 운동의 원리

근육은 어떻게 우리 몸을 자유자재로 움직일까요? 우선 근육이 어디에 붙어 있는지 알아야 해요. 뼈에 붙어 인체의 골격을 움직이는 근육을 골격근이라 해요. 골격근은 관절을 중심으로 한쪽 뼈와 다른 쪽 뼈의 양쪽에 붙어 있습니다. 그림에서 굴삭기 실린더ⓐ가 A와 B 양쪽에 붙어 있는 것처럼 말이죠. 굴삭기에서 A부분을 움직이려면 실린더ⓐ를, B부분을 움직이려면 실린더ⓑ를, C부분을 움직이려면 실린더ⓒ를 움직여야 해요.

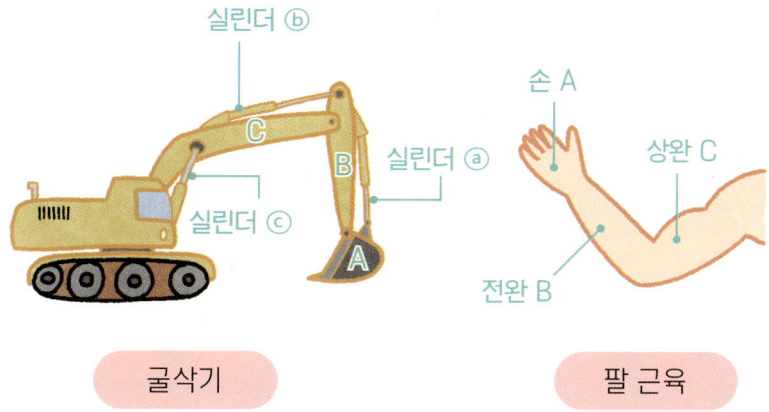

굴삭기   팔 근육

여기서 꼭 기억할 사실이 있어요. 실린더는 줄어들고 늘어나는 모든 방향으로 힘을 내지만, 사람의 근육은 수축하는 방향으로만 힘을 쓴다는 거예요. 펼치는 방향으로는 아무런 힘을 쓰지 못해요. 그러니까 팔을 굽혔다가 펴려면, 굽히는 근육과 펴는 근육이 각각 따로 있어야 한다는 뜻이에요. 그래서 관절을 중심으로 최소 한 쌍의 근육이 붙어 있어요.

2장

씹고, 뜯고, 맛보고, 즐기는 소화 시그널
소화계

식욕은 인간의 가장 기본적인 본능 중 하나예요. 무인도나 정글에서 살아가는 서바이벌 프로그램을 보면 활동의 초점은 온통 식량을 어떻게 구하고 어떻게 먹을까에 맞춰져요. 그만큼 먹는 행위가 우리에게 중요하다는 뜻이에요. 우리 몸에서 먹고 소화하는 일을 담당하는 부위를 '소화 기관'이라고 불러요. 만약 소화 기관에 문제가 있다면 우리는 먹는 기쁨을 제대로 누릴 수 없을 거예요. 이렇게 중요한 소화 기관은 어떤 시그널을 우리에게 보내고 있을까요?

🔍 **시그널 찾기**

찬물을 마시며 집중해 봐요. 1초라는 짧은 시간 동안 물이 아래로 스윽 이동하는 게 느껴질 거예요. 물이 식도를 지나 위로 가고 있어요.

음식이 들어가는 입구, 입과 식도

입은 우리 몸이 음식을 처음 만나는 곳이죠. 이곳에서 우리는 온갖 감각을 총동원해서 음식의 맛을 느낍니다. 맛있는 냄새가 코를 자극하고, 혀는 단맛, 쓴맛, 짠맛, 신맛 그리고 감칠맛의 다섯 가지 맛을 느낍니다. 우리가 식감이라고 부르는 촉감도 음식 맛에 결정적인 역할을 합니다. 우리 몸이 이렇게 많은 감각을 동원해서 맛을 섬세하게 느끼는 건 좋은 음식을 먹는 것이 몸 전체의 건강에 매우 중요하기 때문이에요.

입 안을 더 자세히 볼까요? 치아는 음식을 자르고 부수어 소화를 돕습니다. 자유자재로 움직이는 혀는 음식물 덩이를 위 어금니와 아래 어금니 사이로 재빨리 밀어 넣습니다. 혀는 우리 의지대로 움직일 수 있는 기관이지만, 음식을 먹을 때 혀는 자동으로 움직이는 것처럼 느껴져요. 가끔 실수해서 혀를 씹기도 하죠. 맞아요! 정말 맛있는 걸 먹을 때 말이에요.

음식이 들어가면 침샘에서 침이 마구 나와요. 침샘은 양쪽 귀밑, 양쪽 턱 밑, 혀 밑에 있어요. 하루에 1~1.5리터라는 엄청난 양의 침을 분비하죠. 침 덕분에 수분이 적은 **빽빽한** 음식도 부드럽게 변해요. 사실 침에는 이보다 더 중요한 기능이 있어요. 바로 녹말을 분해하는 거랍니다.

한번 밥을 삼키지 말고 오래 씹어 봐요. 처음에는 별맛이 나지 않던 밥에서 단맛이 나기 시작해요. 침에 있는 효소가 밥에 들어 있는 녹말을 작게 분해한 덕에 단맛이 나는 물질이 만들어진 거예요.

치아로 잘게 부서지고, 침으로 부드럽게 변한 음식물은 목구멍으로 꿀떡 넘어갑니다. 목구멍으로 넘어간 음식은 순식간에 식도를 타고 위로 이동해요. 식도는 입과 위를 이어 주는 긴 관이에요. 음식이 머무는 곳이 아니라서 빨리 이동하도록 식도의 내부는 매우 매끄러워요. 식도에는 감각 기관이 별로 없어서 우리는 평소 식도의 존재를 잘 느끼지 못하지만, 가끔 뜨거운 물을 급하게 마셨을 때, 맵고 짠 국물이 내려갈 때, 식도가 타는 듯한 느낌을 받기도 한답니다.

산성이 강한 위액이 식도 쪽으로 역류할 때 식도 내부가 상처를 입는 경우도 있어요. 밥을 먹고 소화시키지 않은 채 바로 눕거나 잠자기 직전에 먹는 등 건강하지 않은 식습관을 가지면 이런 일이 벌어질 수 있어요. 식사를 한 후에는 가볍게 산책하거나 몸을 움직이면서 위가 음식물을 소화할 시간을 충분히 주어야 해요.

시그널 찾기

음식을 먹으면 가끔 '꺼억' 하고 트림을 해요. 위에 있던 공기가 입을 통해 나오는 순간이에요.

나쁜 음식으로부터 우리 몸을 지키는 성, 위

음식이 입과 식도에 머무는 시간은 길지 않아요. 입에서 5~30초, 식도에서 불과 1초 정도 머물 뿐입니다. 우리 몸에 들어온 음식이 처음으로 오랜 시간 머무는 곳은 바로 위랍니다. 위는 나쁜 음식으로부터 우리 몸을 지키는 역할을 해요. 그렇다면 위는 어떻게 우리 몸을 지킬까요?

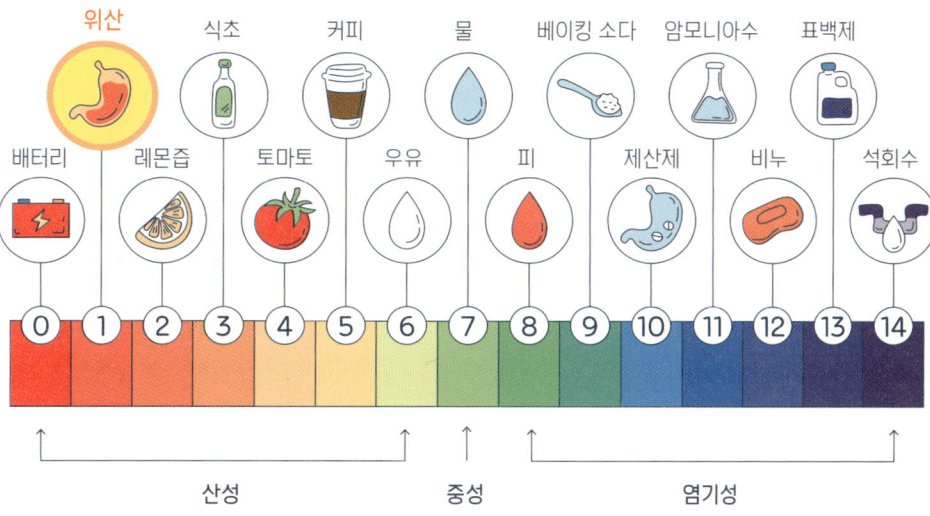

위 내부에는 '위산'이라고 부르는 매우 강한 산성 액체가 들어 있어요. 물질의 산성과 염기성 정도를 측정한 표를 보면 위산이 매우 강한 산성 상태라는 걸 알 수 있어요. 숫자가 작을수록 산성도가 높은데 위산은 거의 1에 가까워요. 그래서 먹은 음식이 조금 상했더라도 어지간한 세균은 위산에 녹아 버려요. 그럼 위도 녹지 않을까요? 그렇진 않아요. 다행스럽게도 위의 내부는 끈끈한 점액으로 덮여 있어서 위산으로부터 자신을 보호합니다.

위가 강한 산성인 또 하나의 이유가 있어요. 위에서는 단백질을 분해하는 '펩신'이라는 소화 효소가 분비되는데, 이 소화 효소는 강한 산성 상태일 때만 활성화되어요. 침에 있는 소화 효소가 녹말을 작게 분해한 것처럼 펩신은 단백질을 잘게 분해해요.

평소 음식이 들어 있지 않을 때 위는 성인 기준 한 손을 펼쳤을 때의 길이인 20~25센티미터 정도입니다. 그런데 음식이 들어오기 시작하면 위는 점점 늘어납니다. 성인의 경우 무려 2~3리터 정도의 음식을 담을 수 있죠. 1.5리터 페트병 2개 분량의 음식을 한 번에 담을 수 있다는 얘기이니, 위의 신축성이 놀라울 따름입니다.

위는 이런 놀라운 신축성을 바탕으로 많은 음식을 담아 두면서 소화 효소를 분비해서 음식이 흐물흐물한 상태가 되도록 합니다. 밥은 두세 시간, 고기는 네다섯 시간 동안 위에 머물러요. 음식이 머무는 동안 위는 가만히 있지 않고 계속 움직여요. 이 덕에 음식과 위산이 골고루 잘 섞입니다.

위에는 입구와 출구가 있어요. 식도와 연결된 입구는 음식물이 들어오거나 트림할 때 잠시 열렸다가 다시 닫힙니다. 십이지장과 연결된 출구는 평소 닫혀 있다가 음식물이 충분히 흐물흐물해지면 문을 열어서 음식물을 십이지장으로 내보냅니다.

또 음식에 섞인 기체가 위의 윗부분에 모이면 식도와 입을 통해 배출하는데 이게 바로 트림이에요. 트림을 하면 위에 빈 곳이 늘어나서 음식물을 더 받아들일 수 있어요. 배에서 나는 꼬르륵 소리는 장 안에서 가스가 이동하면서 만들어 내는 소리예요. 밥을 급하게 먹거나 소화가 잘 안 되는 음식을 먹으면 이 소리가 더 자주 날 수 있어요.

시그널 찾기

똥은 왜 갈색일까요? 십이지장으로 나오는 쓸개즙이 대장의 세균과 만나면 갈색을 띠어요. 즉 똥의 색깔은 십이지장이 하는 일을 우리에게 보여 주는 시그널이지요.

소화 효소의 중심, 십이지장

위에서 흐물흐물해진 음식은 십이지장으로 넘어가요. 손가락 12개를 옆으로 나란히 늘어놓은 것 같은 길이라서 십이지장이라고 불렀다고 해요. 실제로는 그것보다는 조금 더 길어요. 십이지장의 다른 이름은 '샘창자'인데요, 물이 나오는 곳을 뜻하는 샘이라는 단어에서 예상할 수 있듯이 십이지장엔 다양한 소화 효소가 모인답니다.

소화 효소는 뭘까요? 소화 효소가 뭔지 이해하려면 영양소를 먼저 알아야 해요. 모든 생명체는 섭취하거나 만들어 낸 영양소에서 에너지를 얻어 살아갑니다. 우리가 가장 많이 섭취하는 영양소를 특별히 3대 영양소라고 부르는데, 바로 탄수화물, 지방, 단백질이에요. 음식으로 먹는 탄수화물, 지방, 단백질은 매우 커서 우리 몸이 바로 흡수할 수 없어요. 아무리 음식을 작게 잘라 먹어도 우리 몸이 흡수하기에는 너무 커요. 현미경으로 볼 수 없을 정도로 작아져야 우리 몸이 흡수할 수 있답니다.

이렇게 영양소를 우리 몸이 흡수할 수 있을 만큼 작게 자르는 물질이 바로 소화 효소입니다. 탄수화물, 지방, 단백질을 분해하는 소화 효소는 각각 달라요. 입에서 나오는 침은 탄수화물인 녹말을 분해하고, 위에서 나오는 위액은 단백질을 분해해요.

십이지장 자체가 소화 효소를 만들지는 않아요. 그렇지만 십이지장에는 이자, 쓸개, 간과 같이 중요한 기관이 연결돼 있어요. 이 중 이자는 탄수화물, 단백질, 지방을 분해하는 소화 효소를 모두 만든답니다.

또 간이 만들어 쓸개에 보관했다가 분비되는 쓸개즙에는 소화 효소는 없지만, 지방의 소화를 돕는 물질이 들어 있어요. 쓸개는 이렇게 만들어진 쓸개즙을 농축하여 보관했다가 십이지장으로 내보내고 십이지장은 이자액과 쓸개즙을 이용해 음식물을 몸이 흡수하기에 가장 적합한 혼합물로 만들어요.

> **tip**
>
> ### 우리 몸에 꼭 필요한 3대 영양소
>
> 우리는 음식을 먹음으로써 다양한 영양소를 섭취해요. 그중에서 우리 몸의 열량이 되는 에너지원 세 가지는 탄수화물, 지방, 단백질이에요.
>
> ① **탄수화물** : 쌀밥, 국수, 과자와 같은 음식에 많이 들어 있어요. 입에서는 설탕, 꿀과 같은 단맛으로 인식되는 영양소예요. 섭취하면 가장 빨리 에너지를 낼 수 있어서 운동선수들이 시합 직전에 자주 먹어요.
>
> ② **지방** : 기름, 견과류와 같은 고소한 향기로 인식되는 영양소예요. 탄수화물이나 단백질보다 1그램당 칼로리 양이 높아서 우리 몸은 남는 에너지를 지방 형태로 저장해요.
>
> ③ **단백질** : 고기, 콩과 같은 감칠맛으로 인식되는 영양소예요. 단백질은 근육, 손톱, 머리카락 등 신체를 이루는 주성분으로 에너지원 그 자체보다 인체의 구성 성분으로 주로 쓰여요.

> 🔍 **시그널 찾기**

가끔 식중독이나 장염에 걸리면 매우 심한 통증으로 소장의 존재를 느낄 수 있어요. 하지만 가능하면 소장이 보내는 시그널을 느끼지 않는 편이 더 좋겠죠?

영양소를 흡수하는 소장

소장은 길이가 7미터 정도 되는 우리 몸에서 가장 긴 창자예요. 이렇게 긴 창자가 우리 배 속에 들어 있다니 정말 신기하지 않나요? 소장은 왜 이렇게 긴 걸까요? 그건 소장에서 영양소의 흡수가 일어나기 때문이에요. 소중한 영양소를 허투루 흘려보내지 않고 조금이라도 더 많이 흡수하기 위해 소장은 매우 길답니다. 소장 안에서 음식물은 한 시간에 약 1미터씩 천천히 이동합니다. 그러니까 음식이 소장을 통과하려면 약 일곱 시간 정도가 걸리는 거죠.

소장은 영양소를 더 잘 흡수하기 위해 매우 특별한 구조로 돼 있어요. 소장의 안쪽 면엔 오톨도톨한 융털이 솟아 있어요. 현미경으로 보면 융털은 더 작은 미세 융털로 이뤄져 있어요. 이 융털과 미세 융털 덕분에 소장의 전체 면적은 엄청나게 넓어져요. 성인의 융털 표면적은 200제곱미터 정도인데, 이는 테니스장 넓이와 비슷하답니다.

영양소의 흡수는 소장의 표면에서 일어나요. 그러니까 표면적이 넓다는 건 더 많은 영양소를 흡수할 수 있다는 뜻입니다. 우리 몸이 음식물을 영양소로 활용하기 위해 얼마나 효율적으로 움직이는지 엿볼 수 있는 장면이에요.

이자액처럼 소장에서도 장액이 분비되어요. 장액은 장 내벽의 점막을 보호하고 음식물이 잘 통과할 수 있도록 윤활제 역할을 해요. 장액에도 3대 영양소를 분해하는 소화 효소가 들어 있어요. 이를 통해 아직 분해되지 못한 음식물을 끝까지 잘게 부수어 소화시켜요.

장 내용물은 물과 장액, 담즙 등이 섞이면서 점점 액체로 변해 가요. 소장은 분절 운동을 통해 내용물을 잘게 나누고 연동 운동을 통해 대장으로 내용물을 이동시켜요. 그리고 소장에서 흡수한 각종 영양소는 소장에 연결된 혈관과 림프관을 통해 온몸에 전달됩니다.

🔍 **시그널 찾기**

　방귀는 우리 몸이 음식물을 소화했거나, 소화하는 중이라는 시그널이에요. 하루에 열다섯 번에서 스물다섯 번 정도 시그널을 보낸답니다.

배출을 기다리는 곳, 대장

　소장을 통과한 음식물은 이제 소화의 마지막 단계인 대장으로 넘어가요. 대장은 배를 한 바퀴 빙 두르고 있어요. 배의 오른쪽 아래에서 시작해 항문까지 이어져요. 음식물은 소장에서 거의 모든 영양소를 흡수당했기 때문에 우리 몸에 별 가치가 없어요. 대장은 남은 음식물 찌꺼기에서 마지막으로 수분을 흡수해서 단단하게 만듭니다. 바로 똥입니다.

음식물은 대장에서 가장 많은 시간을 보내요. 우리가 음식을 먹으면 보통 하루나 이틀 뒤에 배출하는데요, 입부터 소장 끝까지 도달하는 데는 열두 시간밖에 걸리지 않아요. 그러니까 나머지 열두 시간 이상의 시간을 대장에서 보내는 거예요. 배변 활동이 활발한 사람은 열두 시간 정도 대장에 똥을 보관하지만, 그렇지 않은 사람은 며칠씩 대장 안에 똥을 보관하는 셈이죠.

음식물이 대장에서 가장 오래 머무는 이유는 뭘까요? 그건 우리가 먹는 양과 배출하는 양을 비교해 보면 이해가 돼요. 우리는 하루에 세 번 먹지만 보통 하루에 한 번 배출하죠. 소화해야 할 음식물의 양이 많은 거예요. 또 대장에는 소장처럼 융털이 있지 않아서 수분을 천천히 흡수해요. 물을 잘 흡수하여 찌꺼기만 배출하기 위해 음식물은 오랜 시간 대장에 머물러요.

대장이 하는 일은 이게 끝이 아니에요. 대장에는 우리 몸에 유익한 세균이 많이 살아요. 이 세균들은 대장에 살면서 우리 몸에 유용한 비타민이나 전해질을 만들어 내요. 영양소가 거의 없는 똥을 재료로 해서 말이죠. 해로운 세균이 들어왔을 때 싸워서 우리 몸을 지켜 주기도 한답니다.

3장

들숨 날숨, 호흡에 숨은 시그널
호흡계

호흡은 생명의 시작을 상징해요. 생명을 만들 때 '숨을 불어넣다'라고 표현하거나, 누군가 죽었을 때 '숨을 거두었다'라고 표현해요. 우리는 살아 있는 동안 항상 숨을 쉬고 있어요. 심지어 잠을 잘 때도 말이죠. 호흡을 통해 우리 몸은 무엇을 얻을까요? 또 호흡을 담당하는 다양한 기관들은 어떤 시그널을 우리에게 보내고 있을까요?

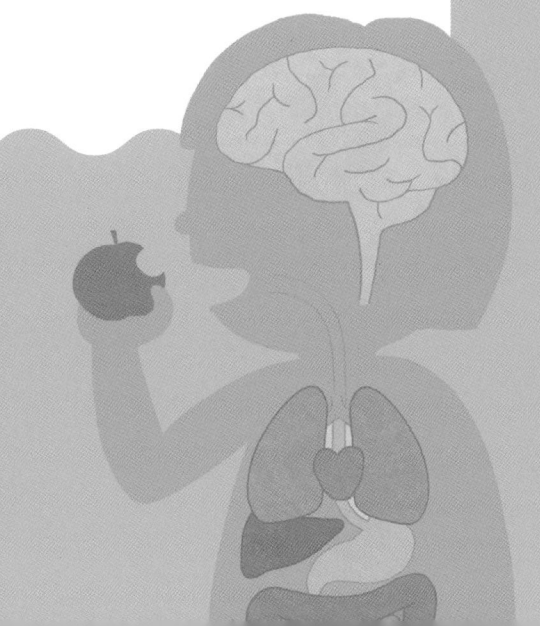

🔍 **시그널 찾기**

　시계나 스톱워치를 보면서 숨을 크게 들이마신 뒤, 얼마나 오래 숨을 참을 수 있는지 측정해 봐요. 30초를 넘기기 쉽지 않을 거예요. 온몸의 세포들이 빨리 산소를 달라고 시그널을 보내는 거예요.

세포가 살기 위한 조건

　생물을 구성하는 가장 기본 단위를 '세포'라고 해요. 세포가 생명의 기본 단위이기에 단 하나의 세포만으로 이루어진 생물도 있어요. 사람은 매우 많은 세포로 이루어져 있어요. 성인의 경우 그 숫자가 30조 개나 되죠! 사람처럼 많은 세포로 이루어진 경우에 일부 세포는 죽고, 일부 세포는 태어나기를 반복하며 세포의 전체 숫자는 비슷하게 유지되고 있어요.

그럼 세포가 살기 위한 조건은 뭘까요? 세포에는 크게 두 가지가 필요해요. 첫째는 영양소, 둘째는 산소예요. 세포 안에는 영양소와 산소를 원료로 우리 몸이 쓸 수 있는 특별한 에너지를 만드는 일이 계속 일어나고 있어요. 이 에너지가 계속 만들어지지 않으면 세포는 죽습니다.

영양소는 우리가 먹은 음식을 소화 기관에서 흡수해서 얻어요. 그럼 산소는 어디에서 얻을까요? 우리가 숨을 쉴 때 들어온 공기에서 허파가 산소를 흡수해서 얻어요. 우리가 잠시도 쉬지 않고 숨을 쉬는 이유는 잠시도 쉬지 않고 세포에 산소를 공급해 주기 위해서예요.

시그널 찾기

물이나 음료수를 먹다가 사레에 들린 적이 있나요? 액체가 잘못된 길로 흘러갔다고 우리 몸이 시그널을 보내는 거랍니다.

코에서 허파까지

사람은 코와 입으로 숨을 쉬어요. 둘 중에 어느 쪽으로 숨을 쉬든 공기는 목구멍 뒤편의 '인두'에서 서로 만나요. 이런 구조는 코와 입 양쪽 중에 어느 하나가 막혀 있어도 숨을 쉴 수 있다는 장점이 있죠.

그러나 이 구조에는 큰 단점이 있어요. 코로는 공기만 들어오지만 입으로는 공기와 음식이 들어와요. 그래서 어느 쪽인지에 따라 가야 할 길을 나눠 주는 장치가 필요해요. 공기라면 기도를 통해 허파로 보내고, 음식이라면 식도를 통해 위로 보내요.

인두와 기도 사이에 있는 기관을 후두라고 부르는데, 후두에는 음식과 공기를 나누는 후두덮개라는 기관이 달려 있어요. 평소에는 기도 쪽으로만 공기가 통하도록 열려 있지만, 음식이 들어오는 순간에 재빨리 덮개를 닫아서 음식이 식도로 이동하게끔 한답니다. 가끔 덮개가 늦게 닫혀서 기도로 음식이나 물이 조금이라도 들어가면 심한 기침이 나면서 잘못 들어간 음식을 내뱉어요. 이런 현상을 사레 들렸다고 하죠.

공기는 코, 비강, 인두, 후두, 기도를 순서대로 거쳐 허파로 들어가요. 이 통로는 매우 축축하고 끈적한 점액으로 덮여 있어요. 이 덕분에 공기 속에 있는 먼지와 세균과 같은 유해 물질이 통로에 달라붙어 제거됩니다. 그 후 기침이나 재채기, 가래 등으로 배출되어요. 허파에 조금이라도 더 깨끗한 공기를 보내기 위한 우리 몸의 장치라고 할 수 있죠.

🔍 시그널 찾기

피곤할 때 우리는 하품을 해요. 눈치 안 보고 한껏 하품하면 머리가 맑아지는 걸 느껴요. 하품은 우리 뇌가 산소가 부족하니 더 크게 호흡하라는 시그널이에요.

허파에서 일어나는 일

가슴 부위를 갑옷처럼 촘촘히 두르고 있는 열두 쌍의 갈비뼈는 허파를 보호해요. 그만큼 허파가 우리 몸에서 중요한 기관이라는 증거죠. 허파는 호흡에서 중요한 역할을 해요. 허파의 부피는 4~6리터 정도로 우리 몸의 가슴에서 상당히 큰 공간을 차지해요. 하지만 무게는 1킬로그램 정도로

부피에 비해 무척 가벼워요. 안이 비어 있다는 뜻이죠.

허파는 쌍을 이뤄 좌우에 하나씩 있어요. 기도를 통해 들어온 공기는 '기관지'라는 곳에서 양쪽으로 나뉘어 들어가요. 양쪽 허파에 들어간 관은 다시 여러 개의 작은 관으로 나뉘어 허파에 들어온 공기가 사방으로 퍼져 갑니다. 이는 소화 기관에서 소장이 융털을 통해 표면적을 늘린 이유와 같아요. 조금이라도 더 넓은 면적에서 산소를 흡수하기 위해서죠.

나눠진 관 끝에 '허파 꽈리'라고 부르는 기관이 있어요. 우리 몸의 허파 꽈리의 수는 무려 3~7억 개나 되어요. 이곳에서 우리 몸이 산소를 흡수해요. 또 우리 몸에서 만들어진 이산화 탄소를 배출하죠. 그러니까 공기 중의 산소는 우리 몸으로, 우리 몸의 이산화 탄소는 공기 중으로 기체 교환이 일어나는 거예요. 이렇게 흡수한 산소는 허파를 감싸고 있는 혈관의 피에 녹아들어 우리 몸 전체로 퍼지게 되죠.

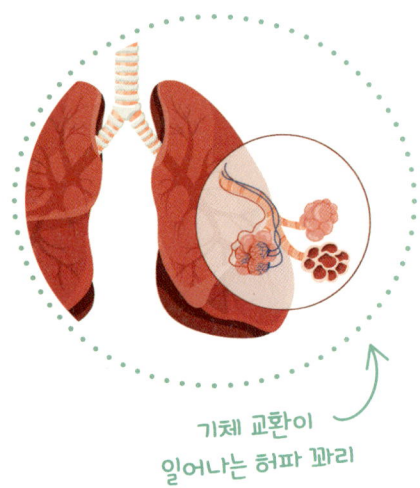

기체 교환이 일어나는 허파 꽈리

한 번에 들이마셨다가 내뿜을 수 있는 최대 공기의 양을 폐활량이라고 해요. 보통 남자의 폐활량은 4800밀리리터, 여자는 3200밀리리터 정도지만 7000밀리리터 이상인 사람도 있답니다. 폐활량이 크면 한 번 숨 쉴 때 들이마시는 공기가 많아서 우리 몸에 산소를 더 많이 공급할 수 있어요.

폐활량은 타고나는 것이라 늘릴 수 없지만, 바른 호흡과 운동으로 허파 꽈리가 더 많은 산소를 받아들이도록 훈련할 수 있어요. 지금 한번 천천히 심호흡을 해 보세요. 우리 허파의 허파 꽈리에 신선한 공기가 닿아 혈액 속으로 산소가 녹아드는 걸 상상하면서 말이에요.

tip

피부로 호흡하는 동물이 있다고?

인간, 코끼리, 개 등 대다수의 포유류가 허파를 통해 숨을 쉽니다. 코와 입으로 들어온 공기가 허파에 이르러 몸에 흡수되므로 이를 허파 호흡이라고 불러요. 그런데 개구리와 같은 양서류는 피부로도 호흡한다는 걸 아나요? 이들에게 피부 호흡은 전체 호흡에서 50퍼센트나 차지할 정도로 중요하답니다. 심지어 어떤 도롱뇽과 개구리는 허파가 없어 100퍼센트 피부로만 호흡해요.

피부로만 호흡하는 미주 도롱뇽과

출처: 위키미디어 커먼스

🔍 시그널 찾기

맵고 짠 음식을 급하게 먹으면 딸꾹질이 나와요. 우리 몸은 이 소리로 몸의 호흡이 깨졌다는 시그널을 보내고 있습니다.

근육 없는 허파는 어떻게 움직일까?

크건 작건 동물의 모든 움직임에는 근육이 필요해요. 그런데 놀랍게도 허파에는 근육이 없어요. 그럼 우리는 어떻게 숨을 쉬고 있는 걸까요? 실험 장치를 통해 쉽게 이해할 수 있습니다. 다음 그림은 호흡 운동 모형이라는 장치예요. 고무 막을 아래로 잡아당기면 유리병 내부의 압력이 낮아져요. 압력은 높은 곳에서 낮은 곳으로 이동하기 때문에 풍선 밖에 있는 공기가 유리관을 통해 고무풍선으로 들어와 풍선이 부풀어요.

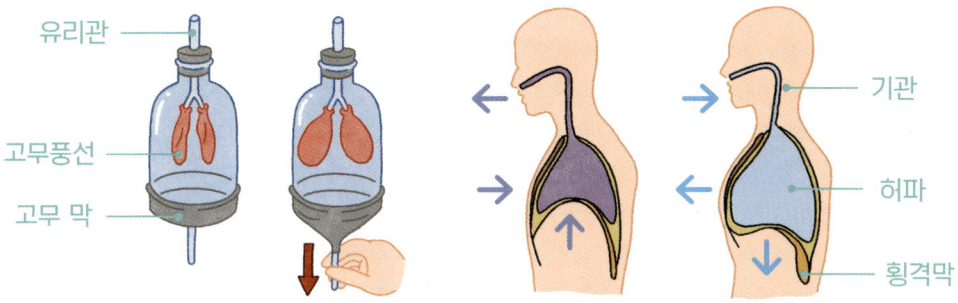

　허파도 이와 똑같은 원리로 공기를 들이고 내뱉어요. 유리관은 기관을, 고무풍선은 허파를, 고무 막은 횡격막을 나타내요. 횡격막은 가슴과 배를 구분하는 커다란 근육이에요. 횡격막이 아래로 내려가면 공기가 안으로 들어오고, 횡격막이 올라가면 공기가 밖으로 빠져나가죠.

　갈비뼈를 위로 들어 올려 호흡하는 호흡법도 있어요. 이렇게 하면 가슴의 공간이 커져서 횡격막을 아래로 내릴 때와 똑같이 공기를 들일 수 있어요. 갈비뼈를 들어 올리는 방법으로 숨 쉬는 호흡법을 가슴 호흡, 횡격막을 내리는 방법으로 숨 쉬는 호흡법을 복식 호흡이라고 불러요. 가슴 호흡을 하면 어깨가 오르내리지만, 복식 호흡을 하면 배가 나왔다 들어갑니다.

　딸꾹질은 횡격막이 갑자기 수축하면서 딸꾹! 하는 특이한 소리를 내는 현상이에요. 음식을 급히 먹거나 찬물을 벌컥벌컥 들이켜는 등 위가 갑자기 팽창해 횡격막에 자극이 갈 때 일어나요. 그래서 딸꾹질을 멈추기 위해서는 횡격막 신경을 깨워 줘야 해요. 얼음을 씹어 먹거나 숨을 꾹 참기도

하고, 혀 안쪽에 칫솔질을 해 혓구역질을 유도하기도 합니다. 그 밖에도 딸꾹질을 멈추는 다양한 민간요법들이 전해져 온답니다.

🔍 시그널 찾기

목을 만져 보면 튀어나온 곳이 느껴질 거예요. 이곳에 손을 대고 소리를 내 보세요. 떨림이 느껴지나요? 이곳에 성대가 있습니다.

소리 내는 원리

호흡계에 속하지만, 호흡과는 별 상관이 없는 기관도 있어요. 바로 소리를 내는 성대예요. 성대는 후두 내부에 위치한 얇은 근육으로 이뤄진 발성 기관이에요. 성대가 있는 덕분에 우리는 목소리를 내서 다른 사람과 대화

할 수 있고, 노래도 부를 수 있습니다. 성대는 어떤 원리로 다양한 소리를 내는 걸까요?

먼저 소리가 뭔지 알아야 해요. 소리란 진동이에요. 이 진동을 우리 귀가 소리라고 인지하는 거랍니다. 상대방의 귀에 소리가 닿으려면 이 진동을 전달해 줄 공기가 필요해요. 그래서 공기가 없는 우주에서는 내가 소리를 질러도 상대방에게 소리가 전달되지 않아요. 그럼 소리는 어떻게 만들 수 있을까요? 얇은 막을 때리거나, 구멍이 뚫린 관으로 공기를 불어 넣거나, 떨리는 줄을 튕겨 진동을 일으키면 됩니다.

우리 몸에서는 목에 있는 성대가 이 역할을 해요. 평소에는 성대가 활짝 열려서 소리가 나지 않아요. 그러나 목소리를 낼 때 성대가 닫히면서 공기가 빠져나가는 구멍이 좁아지고, 성대가 떨리게 돼요. 빨대처럼 그냥 뻥 뚫린 관은 아무리 불어도 소리가 나지 않지만, 리코더같이 좁은 관에 구멍을 뚫어 공기를 진동시키는 악기는 소리가 나는 것과 같은 원리예요.

4장

내 몸의 고속 도로, 순환 시그널
순환계

흔히 마음을 표현할 때 우리는 가슴을 가리켜요. 바로 심장이 있는 곳이죠. 수정란에서 아기가 될 때까지의 과정을 관찰하면 심장은 5주 차인 아주 초기에 만들어져요. 심장은 생명이 탄생하는 순간 움직이고, 생명이 다할 때 멈추는 거예요. 얼마나 중요하기에 생명의 처음과 끝을 함께하는 걸까요? 심장과 관련된 기관들은 우리에게 어떤 시그널을 보내고 있을까요?

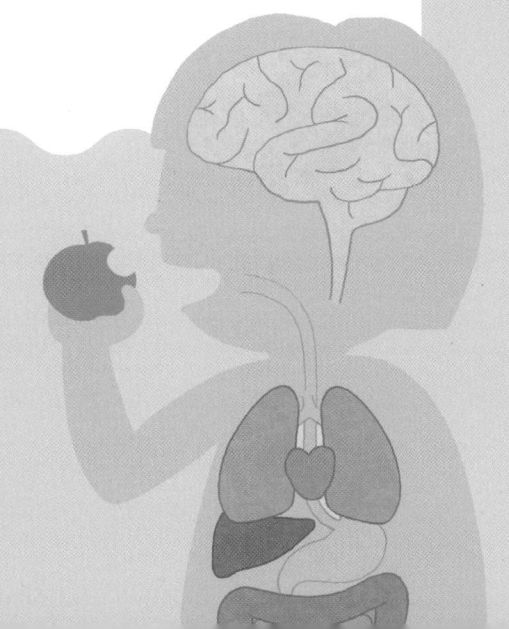

🔍 **시그널 찾기**

반신욕을 해 본 적이 있나요? 따뜻해진 피가 허리 위까지 올라오면서 이마에 땀이 맺히기 시작해요. 피가 온몸을 순환하고 있다는 증거랍니다.

순환의 중요성

우리 몸의 세포가 살기 위해 꼭 필요한 두 가지가 영양소와 산소라고 말했었죠? 그런데 영양소와 산소를 많이 섭취해도 세포 하나하나에 전달하지 못하면 아무 소용이 없을 거예요. 영양소와 산소를 세포에 전달해 주고 세포가 만든 노폐물을 다시 수거해 오는 택배와 같은 역할이 꼭 필요해요.

이렇게 온몸에 물질을 전달하는 기관들을 순환계라고 불러요. 피를 힘차게 이동시키는 심장, 산소와 영양소를 운반하는 피, 피가 다니는 길인 혈관 등이 대표적입니다.

혈관은 그야말로 온몸 구석구석에 퍼져 있어요. 우리 몸의 혈관을 모두 이으면 길이가 10만킬로미터 정도 된다고 해요. 지구를 두 바퀴 반 돌 수 있는 어마어마한 길이죠. 혈관 중에서 심장에서 출발해 온몸으로 가는 혈관을 동맥이라고 부르고, 온몸에서 출발해 심장으로 가는 혈관을 정맥이라고 불러요. 동맥과 정맥을 연결하면서 온몸의 세포 사이사이에 뻗어 있는 작은 혈관을 모세 혈관이라고 해요. 피는 심장에서 출발해서 동맥, 모세 혈관, 정맥을 거쳐 다시 심장으로 돌아옵니다.

심장에서 출발한 피가 다시 심장으로 돌아오기까지 얼마나 걸릴까요? 평균적으로 1분 정도가 걸린다고 해요. 혈관의 전체 길이가 어마어마하게 긴 걸 생각해 보면 꽤 빨리 돌아오죠? 이렇게 빨리 순환하기에 온몸의 세포에 산소와 영양소를 제때 공급할 수 있는 거죠. 혈관이 한 줄이 아니라 사방으로 뻗어 있어서 가능한 일이랍니다.

동맥과 정맥은 꽤 달라요. 동맥은 심장에서 힘차게 뿜어져 나오는 피가 빠르게 이동하므로 혈관 벽이 두꺼워요. 반대로 정맥은 피가 천천히 흐르고 혈관 벽이 얇아요. 압력이 낮은 정맥은 피가 거꾸로 흐르지 않게 해 주는 판막이라는 장치가 곳곳에 달려 있습니다. 피가 정방향으로 흐를 때 판

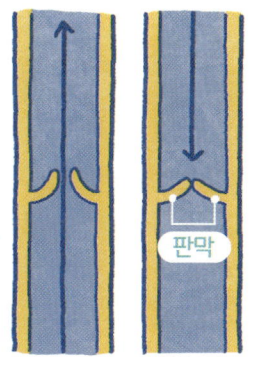

정맥 판막

막이 열리고 피가 역류하면 판막이 닫혀 피가 거꾸로 흐르는 것을 막아 줘요. 발까지 내려간 피가 중력을 거슬러 심장으로 힘겹게 올라가는 모습을 상상해 보세요. 판막이 꼭 필요한 이유입니다. 정맥 판막이 고장 나면 피가 심장으로 가지 못하고 거꾸로 흘러 혈관이 늘어나요. 피부 위로 울룩불룩 혈관이 튀어나오는 정맥류가 오기도 하지요.

시그널 찾기

코피가 나거나 종이에 손을 베였을 때 붉은 피를 볼 수 있어요. 핏속에 적혈구가 우리 몸 구석구석을 돌며 산소와 영양소를 옮기고 있답니다.

산소와 영양소를 운반하는 피

우리 몸을 흐르는 피는 다양한 역할을 해요. 이 중 가장 중요한 역할이라면, 온몸의 세포에 산소와 영양소를 전달하는 일이죠. 피에는 무엇이 들어 있고 어떤 기능을 할까요?

비커에 피를 담은 뒤 가만히 놔두면 2개의 층으로 분리됩니다. 아래층에 있는 물질이 바로 혈구입니다. 그 위에 혈구가 가라앉고 남은 액체 부분을 혈장이라고 부릅니다. 혈장은 맑은 노란색을 띱니다.

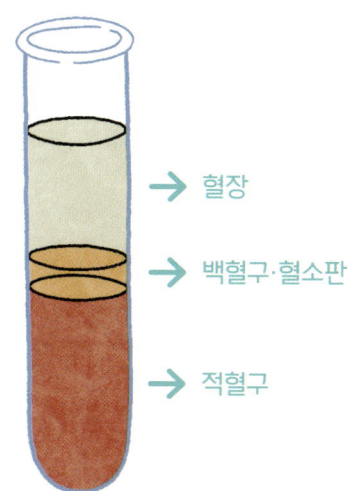

→ 혈장
→ 백혈구·혈소판
→ 적혈구

혈구는 적혈구, 백혈구, 혈소판 세 종류로 구성돼요. 적혈구는 혈구의 대부분을 차지해요. 이름에 '붉을 적(赤)' 자가 들어간 것에서 알 수 있듯이 적혈구는 붉은색이에요. 피가 붉은 이유도 바로 적혈구 때문이죠. 납작한 도넛 모양인 적혈구는 세포의 한 종류예요. 지름은 7마이크로미터(백만분의 1미터)로 우리 몸에서 가장 작은 세포입니다. 대신 개수는 무지막지하게 많아요. 몸 전체에 무려 25조 개나 있어요. 우리 몸의 전체 세포 수를 30조 개로 추정하니, 전체 세포 수의 83퍼센트나 차지하는 셈이죠.

적혈구가 붉은 이유는 헤모글로빈이라는 붉은색 단백질이 왕창 들어 있기 때문이에요. 이 헤모글로빈이 산소를 운반하는 핵심 물질이에요. 재미있게도 헤모글로빈은 산소가 많은 곳(허파 모세 혈관)에서는 산소를 붙잡고, 산소가 적은 곳(온몸의 모세 혈관)에서는 산소를 내놓는 성질이 있어요. 이 성질 덕분에 매우 효율적으로 산소를 운반할 수 있어요.

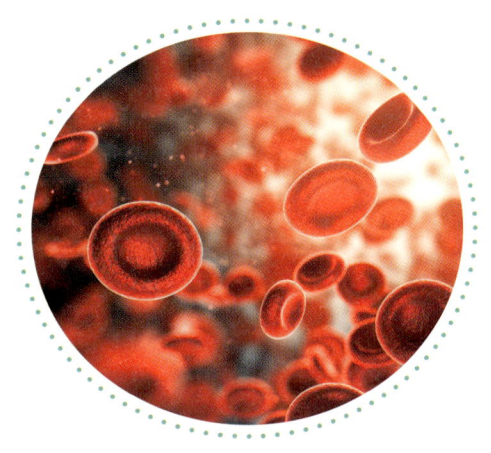

가운데가 움푹 파인 모양의 적혈구

나머지 혈구도 살펴볼까요? 백혈구는 우리 몸에 해로운 물질이 들어왔을 때 없애 주는 세포예요. 직업으로 비유하면 군인이나 경찰과 비슷하죠. 혈소판은 상처 등으로 피가 나면, 그 부위의 피를 굳게 해서 더 이상 피가 나지 않도록 막는 역할을 해요. 혈소판은 세포는 아니고 세포가 쪼개져 만들어진 조각이에요. 피부에 상처가 났을 때 아물면서 생기는 딱지가 바로 혈소판이 굳어져 만들어진 거랍니다.

맑은 노란색 액체인 혈장 안에는 단백질을 비롯해 다양한 물질이 들어 있어요. 또 소장에서 흡수한 영양소가 녹아서 운반되는 곳도 혈장이에요. 혈장은 온몸을 돌아다니며 모든 세포를 만나기에 우리 뇌는 이 혈장을 이용해서 몸 전체에 명령을 내리기도 해요. 물건을 실어 전달하는 택배 기사에게 중요한 지령까지 맡겨 함께 전달하는 거예요. 이 부분은 뒤에서 더 자세히 얘기할게요.

🔍 시그널 찾기

달리기를 하거나 계단을 빨리 오른 뒤, 왼쪽 가슴에 손을 얹고 심장 박동을 느껴 보세요. 심장이 평소보다 빨리 뛰는 게 느껴지나요? 몸의 세포들이 산소와 영양소를 빨리 더 달라고 시그널을 보내는 거예요.

순환의 중심, 심장

피는 산소와 영양소를 온몸에 실어 나르지만 스스로 움직일 수는 없어요. 그래서 피가 온몸을 순환하도록 해 주는 펌프가 필요해요. 그게 바로 심장입니다.

1장에서 배운 것처럼 우리 맘대로 움직일 수 없는 근육을 불수의근이라고 불러요. 모든 불수의근은 천천히 움직이지만 심장만큼은 불수의근이면서도 빠르게 움직여요. 실제로 보면 깜짝 놀랄 정도로 힘차게 움직인답니다.

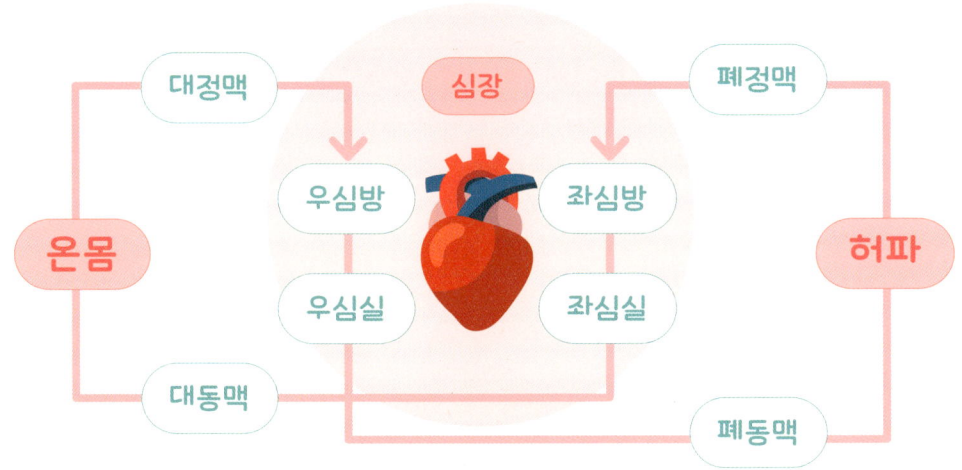

심장은 총 4개의 방으로 이뤄져 있어요. 우리 몸을 기준으로 오른쪽에 있는 방을 우심방, 우심실이라고 하고, 왼쪽에 있는 방을 좌심방, 좌심실이라고 불러요. 심방은 몸으로 나간 피가 들어오는 곳으로 심실보다 작아요. 심실은 심장에 있던 피를 몸으로 내보내는 곳으로 두꺼운 근육으로 둘러싸여 있어요.

피의 움직임을 기준으로 혈액 순환을 자세히 살펴보면 먼저 온몸의 피는 우심방으로 들어옵니다. 그리고 우심실로 이동했다가 허파로 이동해요.

허파에서 산소를 공급받은 피는 좌심방으로 들어오고 좌심실로 이동했다가 다시 온몸으로 나갑니다. 그림과 같은 순서로 피가 순환하고 있어요.

심방과 심실 사이에는 피가 일정한 방향으로 흐르도록 도와주는 판막이 있어요. 가끔 판막에 구멍이 뚫려 있거나 모양이 좋지 못하면 심장에서 피가 섞이는 문제가 생겨요. 깨끗한 피와 더러운 피가 섞이면 몸에 제대로 산소를 공급할 수가 없기에 판막에 문제가 생기면 꼭 치료해야 한답니다.

tip

심장을 다시 뛰게 하는 자동 심장 충격기

사고로 환자의 심장이 멈췄을 때 환자의 심장을 다시 뛰게 하는 방법이 있을까요? 자동 심장 충격기(AED)는 심장에 순간적으로 강한 전류를 흘려 심장을 뛰게 만드는 기기예요. 심장은 뇌의 명령이 아니라 심장이 스스로 만드는 전기 신호에 따라 뛰는데, 이 전기 신호가 엉키면 심장이 제대로 뛰지 않아요. 이때 강한 전류를 흘리면 엉켰던 전기 신호가 바르게 돌아와 다시 심장이 뛸 수 있어요. 우리 심장이 스스로 전기를 만든다니 신기하죠?

🔍 **시그널 찾기**

상처 위에 맑은 액체가 배어 나옵니다. 바로 림프인데요, 림프는 피부 바로 아래에서 흐르며 우리 몸 곳곳에 쌓인 노폐물을 청소한답니다. 우리 몸속을 림프가 깨끗하게 관리하고 있다는 시그널이죠.

제2의 피, 림프

피는 혈관을 따라 흘러요. 하지만 피에 있는 백혈구, 적혈구 등은 덩치가 커서 길이 없는 곳에는 갈 수가 없어요. 모세 혈관이 아무리 촘촘하게 배치되어 있어도 수없이 많은 세포의 사이까지 길이 나 있지는 않아요. 그래서 덩치가 큰 혈구는 모세 혈관 끝까지 간 다음 다시 심장으로 돌아가고, 90퍼센트 정도가 물로 이루어진 혈장은 모세 혈관 세포 틈으로 나가 온몸의 세포들을 적시며 영양소를 공급한 후 다시 모세 혈관에 흡수되어 심장으로 돌아가요.

그런데 흘러나온 혈장 전부가 모세 혈관으로 돌아가는 건 아니에요. 일부는 다른 경로를 통해서 몸에 흘러요. 이렇게 흐르는 액체를 림프라고 부릅니다. 림프는 적혈구가 없어서 투명하게 보여요. 상처가 났을 때 피가 멎은 후 조금씩 배어 나오는 맑은 액체도 림프랍니다.

림프가 흐르는 길을 림프관이라고 불러요. 림프관도 혈관처럼 온몸에 구석구석 퍼져 있어요.

그럼 림프와 림프관은 어떤 역할을 할까요? 기본적으로 림프관은 우리 몸에서 나온 다양한 액체들을 수거해서 다시 혈관으로 돌려보내는 일을 담당해요. 우리 몸의 노폐물을 청소하는 청소부와 같다고 할 수 있죠. 혈관이 온몸을 빠르게 이동하는 고속 도로라면, 림프관은 느리지만 전국 각지에 닿아 있는 국도라고 말할 수 있어요. 혈관과 림프관이 합쳐짐으로써 우리 몸의 순환이 빈틈없이 완성됩니다.

특히 소화 기관인 소장에서는 림프관이 매우 중요한 역할을 해요. 소장의 융털에 있는 '암죽관'이라는 림프관이 지방을 흡수해요. 흡수된 지방은 림프관을 타고 이동하다가 심장으로 전달되어 온몸에 영양소로 공급돼요.

🔍 시그널 찾기

모기가 물면 피부가 부풀고 가려워요. 모기 침을 적으로 인식한 우리 몸이 방어 물질을 분비하면서 나타나는 현상이에요. 이처럼 우리 몸을 위협으로부터 지키기 위해 나타나는 시그널에는 무엇이 있을까요?

스스로 치료하는 면역 기관

우리 몸은 똑똑하고 정교한 방어 수단을 갖고 있어요. 자신과 남을 구분해서 우리 몸을 방어하는 과정을 '면역'이라고 해요. 세균이나 바이러스 같은 이물질이 우리 몸에 들어오면 해당 부위에 염증이 생겨요. 예를 들어 감기에 걸리면 목이 붓고 열이 나고 기침이 나오죠. 우리 몸의 방어 체계가 감기 바이러스와 격렬하게 싸우면서 생기는 증상이에요.

또한 우리 몸은 한 번 들어왔던 이물질을 기억해 뒀다가 같은 이물질이 다시 들어오면 예전보다 훨씬 더 빠르게 이를 제거해요. 이 성질을 이용한 약이 바로 '백신'이에요. 병원균과 비슷한 물질을 일부러 우리 몸에 주사해 면역을 만들어 질병을 예방하는 거예요.

가끔 면역이 부정적인 역할을 할 때도 있어요. 예를 들어 장기가 심각한 손상을 입어서 타인의 장기를 이식받으면, 우리 몸은 바로 면역을 가동해서 이식받은 타인의 장기를 죽여요. 그래서 장기 이식 환자는 평생 면역 억제제를 복용해야만 해요.

알레르기도 면역의 한 반응이에요. 해당 물질이 우리 몸에 해롭지 않은데도 너무 격렬하게 면역 반응이 일어나서 문제가 되는 거죠. 주로 가려움, 피부 염증, 기침 등으로 증상이 나타나는데 심할 경우 호흡 곤란으로 사망할 수도 있어요.

5장

우리 몸의 정수기, 배설 시그널

배설계

우리는 매일 음식을 먹지만 몸무게는 항상 비슷해요. 왜 계속 무언가를 먹는데도 몸무게가 유지될까요? 그건 우리가 먹은 양만큼 무언가를 내보내고 있기 때문이에요. 이 과정을 '배설'이라고 해요. 당연하게도 우리 몸에 필요하지 않거나, 해로운 물질이 배설되어요. 그래서 배설이 제대로 이뤄지지 않으면 우리 몸에는 각종 문제가 생겨요. 배설을 담당하는 기관들은 과연 우리에게 어떤 시그널을 보내고 있을까요?

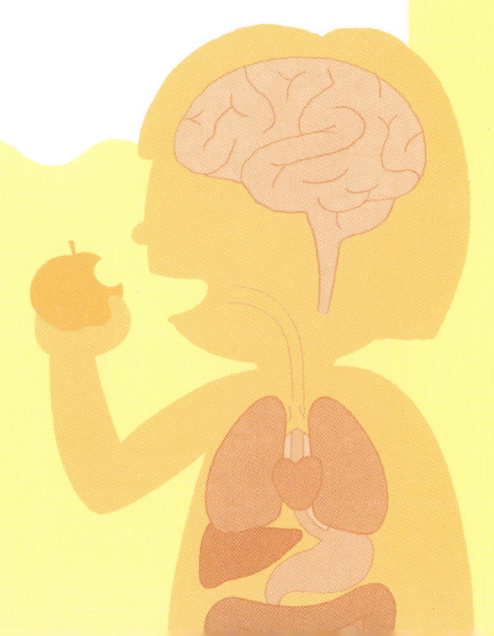

🔍 **시그널 찾기**

오줌이 나오는 구멍과 똥이 나오는 구멍이 다르다는 사실을 알고 있나요? 오줌과 똥은 둘 다 우리 몸에서 만들어지지만 완전히 다른 활동의 결과물이라는 사실을 나타내는 증거랍니다.

오줌은 배설이고 똥은 배출인 이유

보통 배설한다고 했을 때 오줌과 똥이 떠오르실 텐데요, 그러다 보니 둘을 같은 종류로 생각하기 쉽습니다. 하지만 소변과 대변은 매우 큰 차이가 있답니다.

놀라운 사실을 먼저 밝히고 시작합시다. 소변은 배설이 맞지만 대변은 배설이 아니에요. 배출이죠. 배설과 배출은 비슷한 말 같지만 차이가 있어요. 배설은 몸 안의 물질대사로 생긴 노폐물을 땀과 오줌으로 내보내는 것을 말해요. 여기서 물질대사란 생물체가 섭취한 영양분을 '몸 안'에서 분해하고 합성하여 생명을 유지하는 데 필요한 물질과 에너지를 만들어 내는 모든 활동을 말해요. 하지만 생물학에서는 우리의 입에서 항문까지 이어지는 긴 소화관을 몸 안이 아니라 밖에 있다고 보죠. 정리하자면, 몸 안에서 물질대사를 마친 땀과 오줌은 몸 밖으로 '배설'되지만, 애초에 몸 밖에서 이뤄진 소화 활동의 찌꺼기인 똥은 항문으로 배출되는 거예요.

tip

우리 몸에서 가장 먼저 만들어지는 구멍은 뭘까?

바로 '항문'입니다. 수정란은 분열하면서 속이 빈 공처럼 자라다가 어느 순간 한쪽이 안으로 말려 들어가요. 이렇게 말려 들어간 부분이 항문이 되고 나중에 항문 반대편에 입이 생겨요. 이렇게 배출하는 구멍인 '항문'이 먼저 만들어지고 후에 '입'이 만들어지는 생물을 후구동물이라고 불러요. 인간 외 대부분의 포유동물은 후구동물이랍니다.

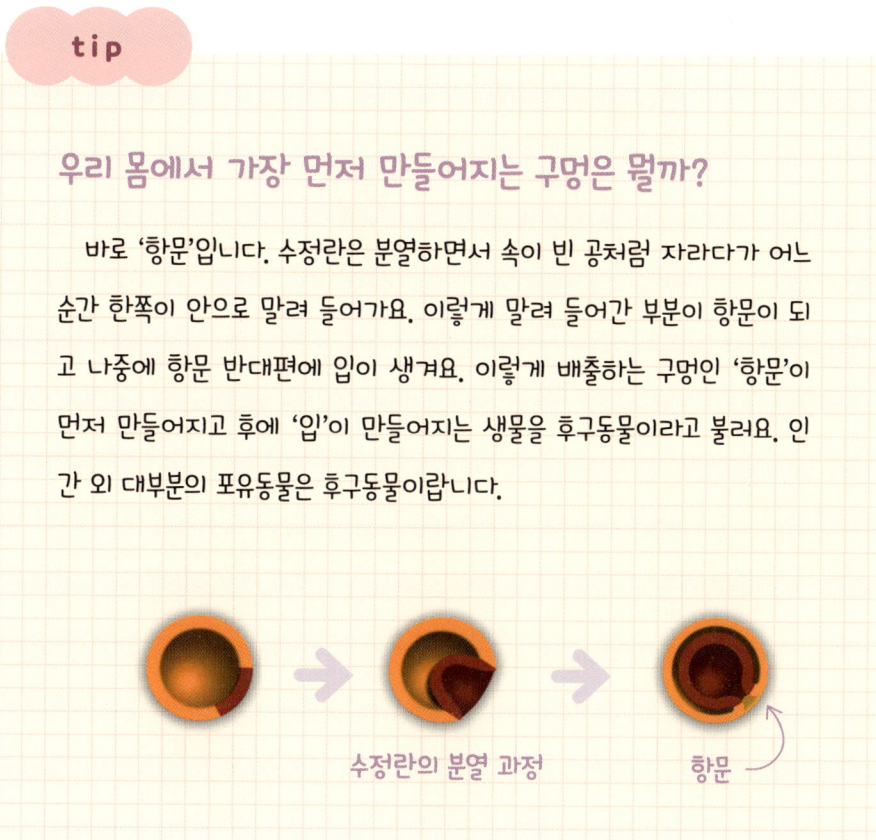

수정란의 분열 과정 → 항문

🔍 **시그널 찾기**

오줌이 마려운데 근처에 화장실이 없어서 힘들었던 경험이 있나요? 우리 몸이 배설할 때가 되었다고 자꾸 시그널을 보내는 거랍니다.

우리 몸의 정수기, 콩팥

우리 몸의 세포들은 영양소와 산소를 사용해서 에너지를 만들며 살아갑니다. 그리고 에너지를 만드는 과정에서 다양한 노폐물이 만들어져요. 대표적인 노폐물로 이산화 탄소, 물, 암모니아가 있어요.

이산화 탄소는 허파에서 기체 교환을 통해 몸 밖으로 나가고, 물은 오줌이나 땀으로 배설되어요. 이 중에서 암모니아는 우리 몸에 해로운 물질이기에 재빨리 다른 물질로 바꿔 줘야 해요. 간은 우리 몸에 쌓인 독성 물질을 해독하는 역할을 해요. 암모니아는 간에서 독성이 약한 화합물인 '요소'로 바뀌었다가 오줌으로 배출되어요.

물과 요소는 핏속에 섞여서 우리 몸을 돌아다녀요. 그래서 물과 요소를 걸러서 피를 깨끗하게 해 줘야 해요. 마치 정수기가 수돗물에서 오염 물질을 걸러서 깨끗한 물을 만드는 것과 비슷해요. 우리 몸에서 정수기와 비슷한 역할을 하는 기관이 바로 콩팥이에요.

🔍 시그널 찾기

평소와 달리 오줌 색이 진하다면 우리 몸이 수분이 부족하다고 시그널을 보내는 거예요. 지금 물 한 잔 마시러 가 볼까요?

오줌이 만들어지는 과정

콩팥은 횡격막 아래, 등 쪽 좌우에 하나씩 총 2개가 있고, 하나의 무게는 약 150그램 정도입니다. 모양이 강낭콩과 비슷하고, 색깔이 팥처럼 붉어서 콩팥이라는 이름이 붙었어요. 콩팥에는 하루에 약 150리터의 피가 지나가요. 우리 몸의 혈액량이 약 5리터 정도이니, 모든 피는 하루에 서른 번 정도 콩팥을 지나간다고 볼 수 있어요. 심장과 더불어 우리 몸에서 피가 가장 많이 흐르는 기관이죠.

그럼 콩팥은 어떻게 오줌을 만들까요? 오줌의 원재료는 피예요. 피에서 우리 몸에 필요하지 않은 물과 요소 등을 거르고, 우리 몸에 필요한 물질은 남기는 것이 핵심이죠. 콩팥에 들어온 피는 사구체라고 하는 아주 작은 모세 혈관 덩어리로 가는데, 이 사구체가 필터 역할을 해요. 덩치가 큰 적혈구, 백혈구, 혈소판이나 단백질은 사구체 필터를 통과할 수 없어요. 이들은 우리 몸에 유용한 것들이니 다시 피로 되돌아가요.

물과 요소, 그리고 포도당과 같은 아주 작은 분자들은 사구체 필터로 걸러져요. 포도당은 우리 몸에 필요한 에너지원이기 때문에 다시 몸으로 흡수돼요. 소화 기관에서 영양소를 흡수하는 원리와 비슷해요. 이렇게 유용한 성분을 모두 재흡수하고 나면 불필요한 것들만 남게 되죠. 이게 바로 오줌입니다.

콩팥에서 만들어진 오줌은 오줌관을 따라 방광으로 보내져요. 오줌을 배설하기까지 잠시 모아 두는 기관이죠. 충분한 양의 오줌이 방광에 모이면 방광에 있는 신경이 뇌에 이제 배설해야 한다고 신호를 보내요. 화장실에 가서 시원하게 오줌을 누면 방광이 수축되면서 오줌이 요도를 따라 몸 밖으로 나갑니다.

🔍 시그널 찾기

그냥 물과 다르게 땀이 짠 이유는 무엇일까요? 땀구멍을 통해 염분을 포함한 노폐물을 배설하고 있다는 우리 몸의 시그널이랍니다.

또 다른 배설 기관, 땀샘

피에서 노폐물을 거르는 콩팥과 똑같은 일을 하는 기관이 또 있어요. 그것도 우리 몸에 수백만 개가 있답니다. 그게 뭐냐고요? 바로 땀을 만들어 배설하는 땀샘이에요.

땀샘은 우리 피부에 고르게 분포해 있어요. 땀샘에 있는 모세 혈관은 콩팥의 사구체처럼 생겼답니다. 콩팥과 거의 똑같은 원리로 피의 노폐물을 걸러 몸 밖으로 내보내는 역할을 해요. 그렇다고 해서 땀을 오줌처럼 더럽게 여길 필요는 없어요. 땀의 구성 성분 중 99퍼센트가 물이고 나머지는 나트륨, 염소, 칼슘 등의 무기질로 이뤄져 있어요. 가끔 입으로 흘러내린 땀 맛이 짠 이유죠.

우리는 평소 하루에 약 600~800밀리리터의 땀을 흘립니다. 1.5리터 페트병 절반을 채울 정도이니 상당한 양이죠. 오줌과 땀 모두 혈액을 원재료로 만들어요. 그래서 한곳에서 노폐물이 충분히 나오면 다른 곳에서는 상대적으로 적은 양의 노폐물이 나와요. 날씨가 덥거나 운동해서 땀을 많이 흘리면 오줌의 양이 줄어들고 반대로 날씨가 추워서 땀이 안 나면 오줌의 양이 늘어나요.

땀샘은 배설 외에도 우리 몸의 체온을 유지하는 역할을 해요. 땀이 증발하면서 피부의 열을 빼앗기 때문에 우리는 시원함을 느껴요. 땀샘이 없으면 우리 피부는 열을 제대로 배출하지 못해서 위험할 수도 있어요.

시그널 찾기

매운 음식을 먹으면 자연스레 눈물과 콧물이 흘러나오죠. 입에서는 침이 흥건하게 나오고 땀이 삐질삐질 흐를 거예요. 우리 몸이 열을 식히기 위해 갖가지 분비물을 내보내는 거예요.

그 밖에 몸 밖으로 내보내는 것들

땀 외에도 우리가 몸 밖으로 내보내는 것들이 있어요. 우리 입에서 나오는 침, 눈에서 나오는 눈물, 코에서 나오는 콧물, 입으로 뱉는 가래, 귀에서 만들어지는 귀지, 피부로 분비되는 피지 등이 있어요. 우리 몸에 불필요한 물질을 몸 밖으로 내보내는 기관을 외분비계라고 해요.

우리가 음식을 먹을 때 나오는 침은 앞서 소화 기관을 설명할 때 얘기했

었죠. 우리 양쪽 귀밑, 양쪽 턱 밑, 혀 밑에 있는 침샘에서 침을 만들어 내보냅니다. 소화를 돕는 것이 가장 중요한 목적이지만, 입 안에 이물질 등이 들어왔을 때 침과 함께 이물질을 뱉어 내보낼 수 있습니다.

눈물도 우리가 외부로 내보내는 물질 중 하나죠. 눈물 덕분에 우리가 눈알을 이리저리 돌릴 때 뻑뻑하지 않을 수 있고, 눈에 들어온 먼지 등의 이물질도 밖으로 내보낼 수 있어요. 우리가 잠을 잘 때 밤새 쌓인 이물질은 아침에 눈곱으로 배설됩니다. 눈물이 잘 나오지 않는 증상을 안구 건조증이라고 하는데, 이럴 경우 눈이 쉽게 피로해집니다. 그래서 눈이 건조할 때마다 안약 형태의 인공 눈물을 넣어 줘야 한답니다. 눈 건강을 위해 눈물이 꼭 필요하다는 사실을 알 수 있죠.

눈을 촉촉하게 해 주는 인공 눈물

콧물은 호흡 기관에서 배설하는 물질이에요. 숨을 쉬면 공기 중의 먼지 등이 코 천장이나 기관지의 섬모와 점액에 달라붙어요. 우리 몸은 이 이물질들을 콧물이나 가래와 섞어서 몸 밖으로 내보내요. 콧물은 주로 코 천장에서 만들어지고, 가래는 기관의 내벽에서 만들어지는 것만 조금 다를 뿐 성분은 거의 같아요.

소리를 듣는 귓구멍에도 이물질이 종종 들어갑니다. 귀에서 나오는 끈끈한 기름이 죽은 세포와 먼지 등의 이물질과 결합해 귀지가 만들어져요. 귀지와 비슷하게 피부에서도 기름이 나와서 피지가 만들어져요. 기름이 피부를 덮고 있는 덕에 우리 피부는 외부 환경에 수분을 빼앗기지 않을 수 있어요.

6장

세상과 소통하는 감각 시그널
감각 기관

통화를 할 때 스마트폰을 귀에 가져가면 화면이 잠시 후에 꺼져요. 스마트폰 안에 주변 밝기를 측정하는 센서가 들어 있기 때문이에요. 스마트폰이 빛을 감지해 밝기를 조절하는 것처럼 생명체도 살아가면서 다양한 센서를 사용합니다. 우리는 이 센서를 감각 기관이라고 불러요. 대표적으로 시각, 청각, 후각, 미각, 촉각 총 다섯 가지의 감각이 있는데요, 감각 기관은 이러한 감각을 전달하기 위해 우리에게 어떤 시그널을 보내고 있을까요?

🔍 **시그널 찾기**

잠 자기 전에 조명을 끄면 아무것도 보이지 않다가 서서히 주변의 사물이 보이기 시작해요. '어둠을 보는 눈'이 깨어났다는 시그널입니다.

우리 몸의 카메라, 시각

우리는 눈을 통해 가장 많은 정보를 얻어요. 다른 감각 기관과 비교해도 시각을 통해 얻는 정보량이 압도적으로 많습니다. '몸이 천 냥이면 눈이 구백 냥'이라는 말이 나온 이유죠. 이처럼 중요한 기관이기에 우리는 본능적으로 눈을 보호해요. 예를 들어 눈앞으로 무언가 빠르게 다가오고 있다고 느끼면 우리는 저절로 눈을 감아요. 이때 손도 자연스럽게 올라가 눈을 보호합니다.

눈의 구조는 카메라와 비교하면 쉽게 이해됩니다. 카메라가 눈의 구조를 따라 만들어서 카메라 각 부품과 눈의 세부 기관의 역할이 일치해요.

눈의 홍채는 카메라의 조리개와 같은 역할을 합니다. 밝은 곳에 있을 때는 빛이 통과하는 구멍을 좁히고, 어두운 곳에 있을 때는 빛이 통과하는 구멍을 활짝 넓혀서 빛의 양을 조절하죠.

빛이 들어오는 수정체는 카메라의 렌즈 역할을 해요. 빛을 모아서 망막과 필름에 상을 맺게 해 줍니다. 수정체는 탄력이 있어서 두께를 조절해 망막에 상이 정확히 맺히도록 조절하지만, 탄력이 없는 카메라 렌즈는 앞뒤로 움직여 필름에 상을 정확히 잡습니다.

눈에서 물체의 상이 맺히는 곳을 망막이라고 불러요. 카메라에서는 필름에 해당합니다. 망막에는 빛을 인지하는 시세포가 많이 있어요. 특히 망

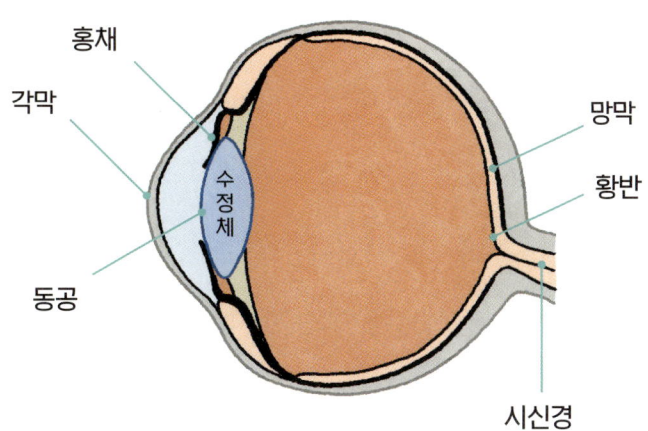

막에서 상이 주로 맺히는 '황반'이라는 부분에 시세포가 집중적으로 배치돼 있죠. 이 시세포가 빛의 신호를 인지해 생체 신호로 바꾼 다음 신경을 통해 뇌로 전달합니다.

재미있게도 시세포는 두 가지 종류가 있어요. 시세포 중에서 원추 세포는 밝은 곳에서 작동하고 색깔을 구분할 수 있습니다. 반면 간상세포는 어두운 곳에서 작동하고 색을 구분할 수는 없지만 사물의 밝고 어두운 정도를 감지할 수 있어요.

우리가 밤에 불을 끄면 원추 세포는 서서히 기능을 멈추고, 간상세포가 기능을 발휘하기 시작합니다. 이 덕분에 우리 눈이 어둠에 적응하면서 밤에도 사물의 위치나 모양을 알아차릴 수 있는 거랍니다. 밝은 곳과 어두운 곳에서 볼 수 있는 두 가지 눈을 가진 셈이죠.

눈은 왜 양쪽에 하나씩 총 2개가 있을까요? 정면을 보면서 손으로 오른쪽 눈과 왼쪽 눈을 차례로 가려 보세요. 정면에 보이는 장면이 조금 다르지 않나요? 우리 뇌는 이 두 가지 장면을 하나로 합쳐서 인식해요. 사물의 크기나 색, 생김새는 한쪽 눈만으로 충분히 구별할 수 있지만 그 물체가 얼마나 떨어져 있는지, 평면적인지 입체적인지는 두 눈을 통해서만 제대로 알 수 있어요. 2개의 눈을 가진 덕분에 우리는 물체를 볼 때 입체감과 거리감을 느낄 수 있어요. 한쪽 눈을 감고 멀리 있는 물건을 잡아 보세요. 한 번에 정확히 잡기 어려울 거예요.

🔍 시그널 찾기

　이어폰을 끼고 좋아하는 노래를 들어 보세요. 우리 귀가 음파를 전기 시그널로 바꿔 우리 뇌에 전달하고 있답니다.

소리를 듣게 해 주는 청각

　귀는 소리를 듣기 위한 감각 기관이에요. 과학적으로 소리는 진동이며, 이 중에서도 주로 공기를 통해 귀에 전달되는 진동을 뜻해요. 이 진동을 가장 먼저 접하는 건 고막이에요. 공기를 통해 전달된 진동은 귀의 고막에 닿아 고막을 진동하게 하죠. 큰 소리를 듣고 '귀청 떨어지겠네!'라고 할 때

귀청이 바로 고막이에요.

고막 바로 뒤에는 3개의 작은 뼈가 달려 있어요. 이 중 하나가 우리 몸에서 가장 작은 뼈라고 언급한 등자뼈입니다. 이 뼈들은 고막의 진동을 증폭해서 달팽이관이라는 기관으로 전달해요. 달팽이관 안에는 림프액이 차 있고, 진동을 생체 신호로 바꿔 주는 청신경이 있어요. 이 신호가 뇌에 전달되면 우리는 소리를 인식하는 거죠. 수없이 많은 소리를 우리가 구분할 수 있는 것은 각각의 소리가 가진 진동이 다르기 때문이에요.

귀에는 청각 외에도 평형 감각을 담당하는 기관이 들어 있어요. 달팽이관 끝에 있는 전정 기관이 그 주인공이죠. 전정 기관 안에는 이석이라고 하는 작은 돌들이 들어 있어요. 우리가 움직일 때마다 이 돌들이 따라 움직이면서 위아래, 좌우 움직임을 인지하게 해 줘요. 전정 기관은 우리 몸이 기울어져 있는 정도와 회전 운동도 감지해 냅니다. 이 덕분에 우리는 비스듬한 발판 위에 서 있거나, 코끼리 코를 돈 후에도 균형을 잡을 수 있어요. 그래서 전정 기관이 너무 민감하거나 문제가 생기면 어지럼증을 겪어요.

귀는 몸의 양쪽에 달렸기 때문에 우리는 소리만으로 소리가 난 방향을 알 수 있어요. 예를 들어 소리가 오른쪽 귀에 더 크게 들리면 자연스럽게 오른쪽으로 고개를 돌리는 식이죠. 이런 귀의 특징을 이용해서 만든 음악 송출 방식을 스테레오라고 부릅니다. 스피커나 헤드셋, 이어폰의 양쪽에서 울리는 소리의 크기와 종류를 다르게 해서 음악에 입체감을 주는 거죠.

tip

고막이 없어도 들을 수 있다고?

소리는 꼭 공기를 통해서만 전달되는 건 아니에요. 액체나 고체를 통해서도 소리를 전달할 수 있어요. 재미있게도 고막이 아니라 뼈의 진동으로 소리를 전달하는 '골전도 이어폰'이 있어요. 이 이어폰을 쓰면 고막이 상한 사람도 이어폰에서 나오는 음악을 들을 수 있습니다. 고막에 문제없는 사람이 쓰면 이어폰에서 들리는 소리와 주변 소리를 함께 들을 수 있어서 소음이 심한 공사장에서도 쓰인답니다.

골전도 이어폰

출처: 위키미디어 커먼스

🔍 **시그널 찾기**

　눈을 감은 채 코를 막고 오렌지주스와 포도주스를 구별해 보세요. 우리가 느끼는 맛의 다채로움은 후각이 담당한다는 걸 느낄 수 있을 거예요.

우리 몸에서 가장 섬세한 센서, 후각

　냄새를 맡는 후각은 구조를 살펴보면 매우 단순하기 짝이 없어요. 코 천장에 후각 세포들이 배치된 게 전부거든요. 그렇지만 후각 세포들은 무려 1조 가지의 냄새를 구별할 수 있어요. 이 다채로움은 과학 기술이 도저히 따라갈 수 없는 수준입니다.

　우리가 냄새를 맡는 원리는 뭘까요? 후각은 공기 중에 떠돌아다니는 화학 물질을 인지하는 감각이에요. 후각 세포에는 후각 수용체가 있는데, 여기에 공기 중에 떠돌던 화학 물질이 결합하면 이 자극을 신경으로 전달해요. 그리고 우리의 뇌가 이 자극을 냄새라고 인지하는 거죠.

흔히 인간의 후각은 동물보다 떨어진다고 말해요. 이 말은 절반은 맞고 절반은 틀려요. 예를 들어 개는 인간보다 후각 수용체 수가 두 배 더 많고, 코끼리는 열 배가 더 많습니다. 그래서 개와 코끼리는 인간이 맡지 못하는 냄새까지 민감하게 맡을 수 있죠.

그러나 동물 전체로 보면, 인간의 후각은 그리 뒤떨어지는 편이 아니에요. 재미있는 사실은 동물마다 잘 맡는 냄새의 종류가 다르다는 겁니다. 예를 들어 인간은 쥐나 원숭이보다 커피 냄새를 훨씬 민감하게 구분할 수 있어요. 즐겨 먹는 음식 냄새를 더 잘 맡는다는 얘기죠.

🔍 시그널 찾기

이가 아픈 날엔 맛있게 먹던 음식도 맛없게 느껴지곤 하죠. 미각이 단순히 '맛'만 느끼는 감각이 아니라는 증거랍니다.

향과 맛, 촉감으로 느끼는 미각

혀는 다섯 가지 맛만을 구분할 수 있어요. 바로 단맛, 쓴맛, 짠맛, 신맛, 그리고 감칠맛입니다. 혀에 있는 미각 세포가 맛을 인지하면 그 신호를 뇌에 보내는 거죠. 혀 표면에 돋은 돌기에 맛을 느끼는 세포가 들어 있고 그 자극이 뇌에 전달되어 맛을 느끼는 거예요.

단맛, 쓴맛, 짠맛, 신맛은 알겠는데 감칠맛도 미각 중 하나라니, 궁금하지 않나요? 감칠맛은 다른 맛에 비해 비교적 최근에 알려진 맛이에요. 감칠맛은 1908년, 일본의 이케다 기쿠나에 교수가 발견했고 2000년대에 들어서 혀가 느끼는 맛으로 인정받기 시작했어요. 고기, 조개, 해조류 등을 먹을 때 느껴지는 특유의 구수한 맛입니다. 단맛, 쓴맛, 짠맛, 신맛은 강렬하게 느끼지만, 감칠맛은 상대적으로 약하게 느껴서 뒤늦게 발견됐어요.

그런데 혀가 다섯 가지 맛밖에 구분할 수 없다면 우리가 느끼는 다채로운 맛은 어떻게 생기는 걸까요? 미각은 후각, 촉각 등이 함께 어우러져 느끼는 복합적인 감각입니다.

잘 익은 스테이크를 맛본다고 상상해 볼까요? 한 조각을 입에 넣고 씹는 순간 겉은 바삭하고 속은 촉촉한 느낌을 입 안의 촉감이 인식하죠. 터져 나오는 육즙이 입 안에 가득 퍼지면서 혀의 미각 세포가 짠맛과 감칠맛을 느낍니다. 동시에 스테이크의 독특한 향기가 후각 세포를 자극합니다. 이 모든 감각이 한꺼번에 작용하면서 우리는 음식의 맛을 느낀답니다.

그래서 감기에 걸려 냄새를 맡지 못하거나, 입 안이 다쳐서 촉감을 감지하기 어려우면 평소 맛있게 먹던 음식도 맛없게 느껴져요. 그런데 우리가 자주 쓰는 맛 하나가 빠진 것 같네요. 바로 매운맛입니다. 한국인이 좋아하는 매운맛은 아플 때 느끼는 통각에 가까워요. 너무 고통스럽지 않을 정도의 통각이 반대로 우리에게 먹는 즐거움을 선사한다니 재미있죠?

🔍 시그널 찾기

상대방에게 손을 주고, 손목에서 시작해 조금씩 팔 위쪽으로 손가락을 움직이라고 해 보세요. 손가락이 닿은 부위가 팔오금이라고 생각되면 '그만!'이라고 외칩니다. 눈을 떠 보세요. 맞혔나요? 틀릴 수도 있어요. 팔에 분포된 감각점이 그리 예민하지 않다는 걸 확인할 수 있지요.

가장 큰 감각 기관, 피부

우리는 물건을 만질 때 따뜻함과 차가움, 또 부드러움과 거침을 느껴요. 때로는 무언가가 살짝 닿는 걸 알아채고 뾰족한 것에 찔리면 고통을 느껴요. 이런 감각은 모두 피부에서 일어난답니다.

우리 몸에서 피부는 체중의 8퍼센트를 차지하는 상당히 큰 부위예요. 그러니 피부야말로 우리 몸의 감각 기관 중에서 가장 크다고 말할 수 있겠네요. 피부에는 말단 신경이 뭉쳐 있는 곳이 매우 많이 있는데, 이를 감각점이라고 부르며 이곳에서 다양한 감각을 느껴요.

피부의 감각점은 크게 다섯 종류로 나눌 수 있어요. 고통을 느끼는 통점, 압력을 느끼는 압점, 촉감을 느끼는 촉점, 차가움을 느끼는 냉점, 따뜻함을 느끼는 온점이 피부 감각의 주인공들이죠. 감각점 덕분에 우리는 주변 환경의 변화를 온몸으로 느끼고 반응할 수 있습니다.

감각점 중에서 어떤 것은 수가 많고, 어떤 것은 적습니다. 평균적으로 계산할 때 우리 피부 1제곱센티미터에 통점은 100~200개, 압점은 50개, 촉점은 25개, 냉점은 6~23개, 온점은 0~3개 정도 있습니다. 그러니까 고통을 감지하는 통점이 가장 많고 따뜻함을 느끼는 온점이 가장 적은 거죠.

이런 감각점은 우리 몸의 부위별로도 차이가 있어요. 감각점이 가장 많은 곳은 손가락 끝, 입술, 혀 등입니다. 손가락 끝의 미세한 감각으로 위조지폐를 구분하거나 병아리 암수를 구별하는 등 손 감각이 예민한 사람들이 있어요. 손가락 끝에 감각점이 많다는 증거죠.

　재미있게도 통점은 가장 많지만, 통각을 전달하는 신경은 아주 가늘어요. 그래서 통각은 가장 늦게 전달되어요. 무언가에 찔리거나 칼에 베인 적이 있다면 기억을 떠올려 보세요. 상처를 입은 다음 서서히 고통이 느껴진답니다. 지구에서 가장 큰 동물인 대왕고래는 꼬리에 상처가 나면 고통을 느끼기까지 40초나 걸린다고 해요.

　통점은 자신을 보호하는 중요한 감각점이에요. 우리는 통증을 느끼기 때문에 고통을 줄이기 위해 적절한 조치를 해요. 뜨거운 물건을 잡은 손을 떼고, 날카로운 물건을 피하고, 배탈을 일으키는 음식을 멀리하는 거죠. 그러니 통증에 조금은 고마운 마음을 가져야 마땅합니다.

　통각 신경의 느린 속도는 촉각 신경이 보완해요. 촉각 신경의 전달 속도는 초속 70미터로 피부 감각 중에서 가장 빨라요. 따라서 우리는 위험한 상황이 닥치면 촉각을 통해 빨리 알아차리고, 적절하게 대처할 수 있어요.

7장

우리 몸을 통제하는 명령 시그널

신경계

우리 몸의 세포들은 수시로 죽고 새로 태어나기를 반복하고 있어서 일부 세포가 죽었다고 해서 사망이라고 부르지 않아요. 그러나 예외는 있어요. 특정 세포가 많이 죽어 회복할 수 없는 상태가 되었을 때 사망이라고 판단하는데요, 바로 뇌세포예요. 뇌가 죽었다고 하여 뇌사라고 하지요. 우리 몸에서 뇌는 그만큼 특별한 존재예요. 우리 몸을 통제하는 뇌, 그리고 뇌가 몸의 각 부분에 명령을 내리는 통로인 신경은 우리에게 어떤 시그널을 보내고 있을까요?

🔍 **시그널 찾기**

　간지럼을 아무리 잘 타도 혼자서 간지럼을 태우면 별로 간지럽지 않아요. 우리 뇌가 예측 가능한 자극에 대비하고 있기 때문이에요.

우리 몸의 통신망, 신경계

　자극을 받아들이고 우리 몸 곳곳에 정보를 전달하는 기관들을 신경계라고 불러요. 신경계에는 뇌와 척수, 그리고 우리 몸 구석구석에 퍼져 있는 말초 신경이 있어요. 이들은 온몸의 감각 기관이 수집한 정보를 뇌에 전달하고, 뇌가 내린 명령을 다시 온몸으로 보내 반응하게 합니다.

　컴퓨터와 비유하면 신경계를 이해하기 쉬워요. 중앙 처리 장치인 CPU는 뇌에 해당하고, 센서는 감각 기관들에 해당하며, 모터는 근육에 해당해요.

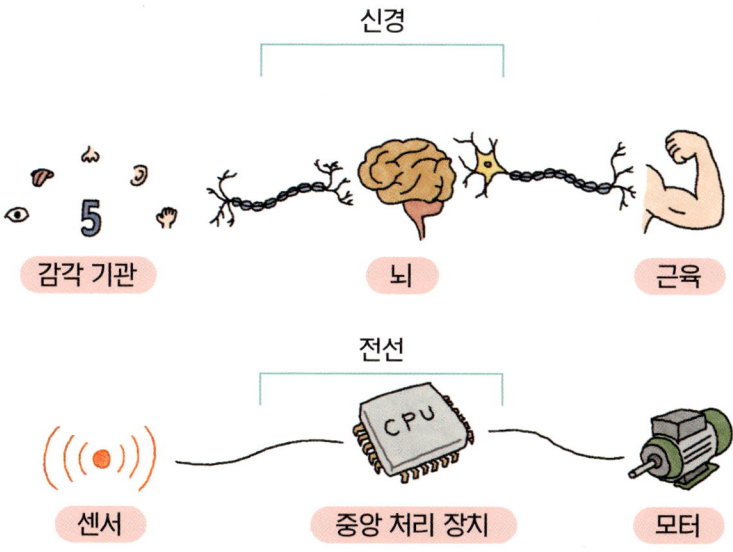

　신경계 중에서 뇌와 척수를 중추 신경계라고 부르고, 나머지를 말초 신경계라고 불러요. 척수는 척추뼈 안에 들어 있는 신경 다발로 온몸의 말초 신경 중에 상당수가 척수를 통해 뇌와 연결되어요. 이 덕분에 말초 신경에서 받아들인 감각 정보는 척수를 통해 바로 뇌로 전달되고, 마찬가지로 뇌가 내리는 명령이 척수를 통해 신경으로 전달될 수 있어요. 우리 몸은 좌우가 대칭이라 신경도 쌍으로 뻗어 나오는데, 뇌에서 직접 나오는 신경은 열두 쌍이고, 척수에서는 서른한 쌍의 신경이 나옵니다.

　말초 신경계는 온몸에 퍼져 있는 신경을 뜻해요. 너무 작고 가늘어서 눈으로 볼 수 없을 정도죠. 말초 신경은 작은 움직임부터 소화, 호흡 같은 작용에도 관여해요. 컴퓨터에서 센서와 모터가 전선을 통해 CPU와 연결된 것처럼 우리 몸의 기관은 신경을 통해 뇌와 연결돼 있습니다.

🔍 시그널 찾기

두통은 뇌가 아프다는 시그널일까요? 뇌에는 많은 신경 세포가 있지만 통증을 느끼지는 못해요. 머리를 둘러싼 혈관과 근육이 움직이면서 머리가 지끈거리는 거예요.

우리 몸의 선장, 뇌

'나는 무엇인가'라는 질문에 우리 몸의 기관 중 하나로 답해야 한다면, 그건 바로 뇌일 거예요. 우리가 생각하고, 명령하고, 기억하는 모든 행위가 일어나는 곳이 바로 뇌이기 때문이에요. 기뻐하고 슬퍼하는 감정을 느끼는 곳도 뇌고, 배고프고 쉬고 싶은 욕망을 느끼는 곳도 뇌죠.

뇌는 우리 몸에서 가장 중요한 기관이라고 할 수 있어요. 그래서 단단한 머리뼈와 세 겹의 막으로 둘러싸여 있고, 뇌는 막 사이에 흐르는 액체 속에 둥둥 떠 있습니다. 뇌를 외부 충격에서 완벽하게 보호하기 위한 장치죠. 또 뇌의 무게는 1.5킬로그램에 불과하지만 우리 몸 전체 에너지 중 20퍼센트나 쓰고 있어요. 심지어 나이가 어릴 때는 이 비율이 50퍼센트 가까이 된다고 해요.

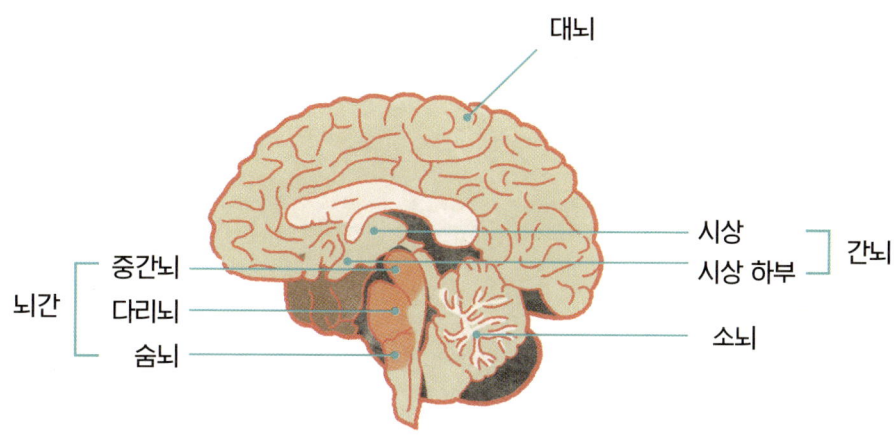

뇌의 구조를 이해하려면 가장 안쪽부터 바깥쪽의 순서로 살펴보는 편이 좋습니다. 신경 세포들이 올라와 처음으로 만나는 뇌를 뇌간이라고 불러요. 뇌간은 숨을 쉬고, 심장을 움직이고, 체온을 유지하는 등 생명과 직결되는 중요한 기능을 담당합니다. 생명에 필수적인 활동을 하는 뇌간은 뇌에서 가장 먼저 생기는 부위랍니다. 파충류의 뇌를 보면 뇌간이 대부분이라서 뇌간을 '파충류의 뇌'라고 부르기도 하죠. 이 중 목에 가까운 숨뇌라는 곳에서 우리 몸의 모든 신경이 다발로 모여 뇌로 올라와요.

뇌간 뒤쪽에는 소뇌가 있어요. 뇌 전체의 10퍼센트 정도를 차지하는 크기이며, 주로 근육 운동을 도와요. 근육에 움직이라고 명령을 내리는 건 대뇌가 담당하지만, 미세한 조정을 통해 정교한 움직임을 만드는 건 소뇌의 역할이에요. 예를 들어 몸의 균형을 잡거나, 악기를 연주하는 등의 일을 해요.

간뇌는 시상, 시상 하부 등으로 이루어진 부위로 감정, 기억, 후각 등을 담당해요. 특히 이곳에는 공포와 쾌락을 느끼는 중추 기관이 있어요. 공포와 쾌락은 생명과 직결되는 중요한 신호예요. 맛있는 음식을 먹고 쾌락을 느끼며 위험한 상황에 공포를 느낌으로써 생명을 지키죠. 포유류의 뇌는 주로 간뇌와 대뇌의 안쪽에 해당하는 부분까지 발달해 있어요. 그래서 여기를 '포유류의 뇌'라고 부르기도 합니다.

대뇌는 다양한 감정과 사고가 일어나는 부위예요. 뇌의 가장 바깥 부분인 대뇌 피질은 인간을 비롯해 영장류에만 잘 발달해 있어요. 학습, 추상적 사고, 상상 등을 담당하죠. 대뇌 피질은 크게 전두엽, 두정엽, 측두엽, 후두엽으로 나누는데요. 앞쪽에 위치한 전두엽은 기억과 사고를 담당하고, 위쪽에 위치한 두정엽은 공감각을 인지하는 부위라고 해요. 양옆에 있는 측두엽은 언어 능력과 연관이 있습니다. 뒤통수 쪽에 있는 후두엽은 시각 정보를 처리하고요.

과학자들은 대뇌에 손상을 입은 환자를 통해 뇌의 각 부위가 어떤 역할을 하는지 연구해 왔어요. 뇌 앞쪽에 손상을 입은 환자가 기억력이 떨어지는 모습을 발견하면서 뇌 앞쪽이 기억력과 연관이 있다는 사실을 아는 식이죠.

과학 기술이 많이 발전한 현대에도 우리는 뇌에 대해 아주 작은 부분만 알고 있어요. 인간의 복잡한 지성, 섬세한 감정, 독특한 인격 등이 어떻게 만들어지고 작동하는지 잘 알지 못해요. 심지어 뇌를 이해하는 것이 우주를 이해하는 것보다 더 어렵다는 말이 있을 정도랍니다.

> **tip**
>
> ### 기억력이 좋아지려면?
>
> 우리 뇌에는 기억과 학습을 담당하는 '해마'라는 곳이 있어요. 이곳에 하루 동안 일어난 일이나 배운 내용이 저장되어요. 이렇게 해마에 저장된 기억은 단기 기억과 장기 기억으로 나뉘는데요, 단기 기억은 짧은 시간 동안 사용된 뒤 없어지지만 장기 기억은 매우 오래 유지되어요. 단기 기억 중에 꼭 필요한 것만 장기 기억으로 가는데 이때 결정적인 역할을 하는 게 수면이에요. 잠을 자는 동안 우리 뇌는 필요한 정보를 장기 기억으로 옮기고, 불필요한 단기 기억을 깨끗이 청소하죠. 그러니 기억력을 높이려면 잠을 충분히 자야 한답니다.

🔍 시그널 찾기

목욕탕에 오래 있으면 손가락이 쭈글쭈글해져요. 그런데 신경이 손상된 사람은 이런 현상이 일어나지 않아요. 뇌가 내린 명령에 따라 일어나는 인체의 신비랍니다.

시그널을 주고받는 신경 세포

신경 세포는 정보를 전달하는 통로예요. 우리 몸의 세포들은 저마다 특징이 있지만, 신경 세포는 이 중에서도 정말 특이해요. 우선 생김새가 다른 세포와 사뭇 달라요. 사방으로 뻗어 있는 별 모양이지만, 신경 세포의 종류에 따라 조금씩 다른 모양을 띱니다. 가장 놀라운 건 길이예요. 어떤 신경 세포의 경우 길이가 1미터를 넘는답니다. 세포 하나의 평균 크기가 0.1

밀리미터에 불과한데, 1미터라니 상상이 되지 않을 정도죠.

신경 세포의 또 다른 특징은 재생되지 않는다는 점이에요. 많은 세포는 분열을 통해 새로운 세포를 만들고 오래된 세포는 죽는 과정을 반복해요. 대표적으로 피부를 구성하는 상피 세포가 그렇습니다. 이 덕분에 햇빛을 받아 피부가 검게 변해도 시간이 지나면 원래 피부색으로 돌아오게 되죠. 그런데 신경 세포는 대부분 재생되지 않아요.

세 번째 특징은 다른 신경 세포와 수없이 많은 연결을 만든다는 점이에요. 우리의 뇌는 약 1000억 개의 신경 세포로 이뤄져 있는데, 여기에서 각 신경 세포는 1000개에서 1만 개 정도의 다른 세포와 연결돼 있어요. 세포와 다른 세포가 연결되는 경우가 간혹 있지만 이렇게 많은 연결은 신경 세포를 제외하면 찾아보기 어려워요.

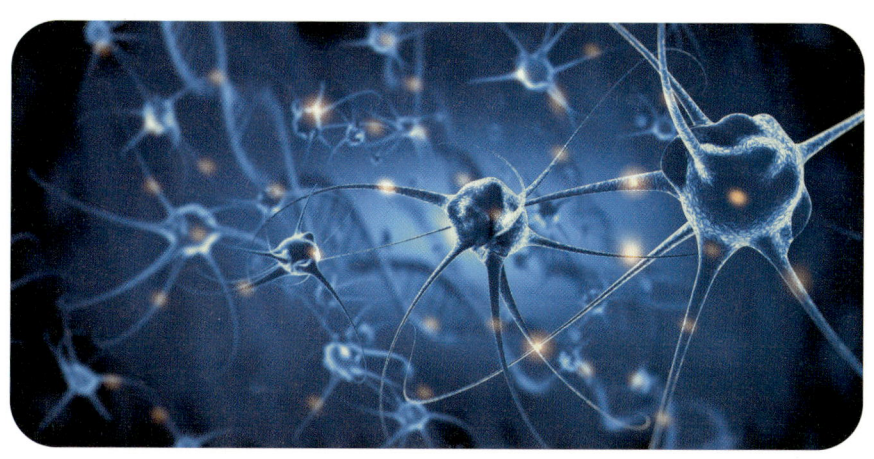

서로 연결되어 신호를 주고받는 신경 세포의 모습

🔍 **시그널 찾기**

양파를 썰면 왜 슬프지도 않은데 눈물이 나올까요? 우리 뇌가 양파의 매운 향에 대한 반사 반응으로 눈물을 내보내 눈을 보호하라고 시그널을 보내는 거랍니다.

내 몸이 멋대로! 저절로 행동하는 반사

우리의 의지와 상관없이 저절로 일어나는 반응을 반사라고 불러요. 이 중 대뇌가 전혀 관여하지 않는 반사를 무조건 반사라고 해요. 무조건 반사는 우리 몸을 보호하기 위해 작동할 때가 많아요. 전자 기기에 기본적으로 설치된 프로그램처럼 사용자가 지우거나 변경할 수 없죠.

대뇌까지 가지 않는 이유는 대부분 아주 급한 상황이기 때문이에요. 무조건 반사에는 크게 세 종류가 있어요. 척수 반사는 척수에서 명령을 받아 반응해요. 무릎을 고무망치로 치면 다리가 올라가는 무릎 반사나, 뜨겁거나 날카로운 걸 만졌을 때 즉시 손을 떼는 회피 반사가 척수가 명령을 내리는 반사 반응이에요. 척수에서 명령을 내리기 때문에 반응 속도가 매우 빠르죠.

중뇌 반사는 눈에서 홍채의 크기를 조절해 동공을 키우거나 줄여서 눈에 들어오는 빛의 양을 조절해요. TV에서 의사가 의식이 없는 환자의 눈에 빛을 비추는 장면을 본 적 있나요? 홍채 크기가 변화하는지 살펴봄으로써 무의식적 반응이 남아 있는지 확인하는 거예요. 마지막으로 연수 반사는 하품, 재채기, 딸꾹질 등 호흡과 관련된 반사를 명령합니다. 이 세 가지 반사 모두 대뇌가 명령하지 않죠.

물론 대뇌가 관여하는 반사도 있어요. 이를 조건 반사라고 합니다. 같은 경험이 반복되면 기억했다가 우리 몸이 저절로 반응하는 거예요. 대표적인 조건 반사로 맛있는 음식 냄새를 맡으면 침이 나오는 현상이 있어요. 심지어 레몬을 상상하는 것만으로도 침이 나오죠. 조건 반사는 경험이 바탕이 됩니다. 즉, 레몬이 신맛 나는 과일이라는 사실을 아예 모르는 사람은 레몬이라는 말을 들어도 침이 나오지 않는답니다.

🔍 **시그널 찾기**

크리스마스 선물을 받거나 기다리던 소풍을 갈 때, 우리는 행복하다는 감정을 느껴요. 우리가 느끼는 이 '행복'이 바로 호르몬이 보내는 시그널이라는 걸 알고 있나요?

조용한 지배자, 호르몬

역사를 살피면 왕 뒤에 숨어 은밀하게 국가의 중요한 일들을 조종하는 사람이 꼭 있었어요. 우리 몸과 비유하면, 호르몬과 비슷합니다. 신경계처럼 앞에 나서서 명령하진 않지만, 온몸의 세포가 호르몬의 지배에 따라 움직이니까요.

호르몬은 우리 몸에서 분비되는 화학 물질이에요. 호르몬은 땀이나 오줌처럼 눈으로 볼 수는 없지만, 혈액을 통해 우리 몸 곳곳을 돌아다니고 있어요. 안으로 분비된다고 해서 호르몬을 분비하는 기관을 '내분비계'라고 불러요. 혈액은 우리 몸 곳곳에 퍼져 있기 때문에 모든 세포에 영향을 미칠 수 있어요. 그래서 호르몬은 신경처럼 즉각적으로 반응하지는 않지만 오랫동안 강력한 영향을 미칩니다.

대표적인 호르몬인 인슐린은 우리 몸의 이자에서 분비돼 혈액을 타고 온몸에 흘러요. 인슐린의 역할은 혈액 내의 포도당을 글리코겐으로 바꾸는 겁니다. 쉽게 말해 포도당을 쓰기 편한 탄수화물 형태로 바꿔 몸에 저장하는 거예요. 인슐린이 하는 일을 정리하면 아래와 같아요.

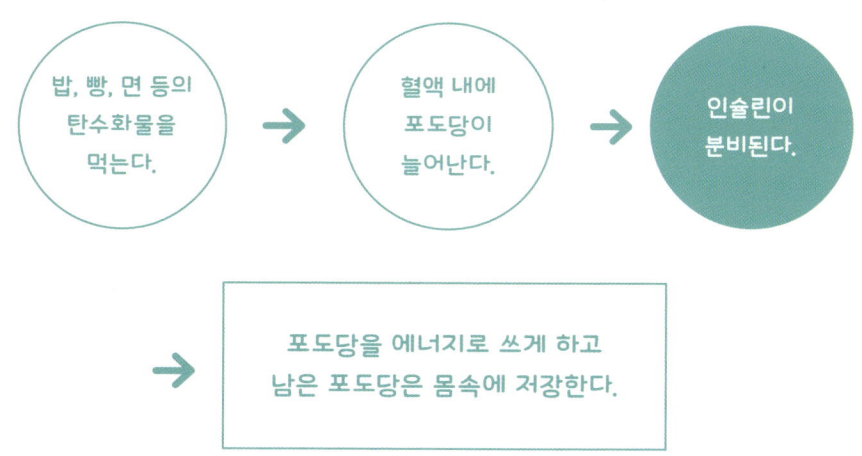

인슐린이 잘 분비되지 않으면 혈액 내에 포도당이 많아져서 피가 걸쭉한 상태가 되고, 우리 몸의 세포가 서서히 파괴되는 당뇨병에 걸리게 돼요. 호르몬 하나로 우리 몸 전체가 큰 영향을 받는다는 사실을 알 수 있죠.

인슐린 외에도 80여 가지가 넘는 호르몬이 우리 몸에서 분비되고 있어요. 몇 가지 더 살펴볼게요.

세로토닌은 행복 호르몬으로 불려요. 스트레스를 줄이고 흥분된 마음을 가라앉히는 역할을 해요. 세로토닌이 부족하면 불안이나 우울함을 느낄 수 있어요. 세로토닌은 햇빛을 받을수록 활발하게 분비돼요. 그래서 가벼운 산책이나 운동을 하면 세로토닌이 방출되면서 피로가 풀리고 기분이 좋아진답니다.

아드레날린은 격렬한 운동을 하거나 스트레스를 받는 상황에서 분비되어요. 심박수와 혈압이 올라가고 동공이 확장되며, 심지어는 일시적으로 통증을 잊게 해 주기도 한답니다. 아드레날린은 위기 상황에서 몸을 긴장 상태로 만들어 위협에 대비하게 하는 역할을 해요. 공포 영화를 볼 때 몸이 바짝 긴장한 경험이 있을 거예요. 아드레날린이 우리 몸을 경계 태세로 만드는 거예요.

그 밖에 쾌락, 욕망, 동기 부여를 일으키는 도파민이나, 불면증 치료에 사용되는 수면 호르몬인 멜라토닌이 있어요. 2차 성징 시기에 남자와 여자의 특징이 두드러지게 몸이 변하는 현상도 성장 호르몬의 영향이죠.

이처럼 호르몬 분비에 따라 우리는 행복을 느끼거나 차분해지기도 하고 좋아하는 사람에게 강한 끌림을 느끼기도 해요. 호르몬 때문에 감정 기복이 커지기도 하고 충동적인 행동을 하게 될 때도 있어요. 이럴 때 학습과 경험으로 다져진 이성적인 사고가 중요한 역할을 해요. 바로 뇌가 하는 일이죠. 즉, 앞에서 통치하는 왕인 뇌가 조용한 지배자인 호르몬을 통제하는 열쇠를 가진 셈이에요.

놀라운 탄생! 생명의 시그널
생식계

우리는 어떻게 태어난 걸까요? 세상에 없던 존재가 태어나서 삶을 시작해요. 단 한 개의 세포가 수십조 개의 세포를 가진 인간으로 변하면서 각양각색의 기관이 새롭게 만들어지죠. 이 신비로운 탄생에는 어떤 비밀이 숨어 있을까요? 생식계 기관들은 우리에게 어떤 시그널을 보내고 있는지 함께 살펴봅시다.

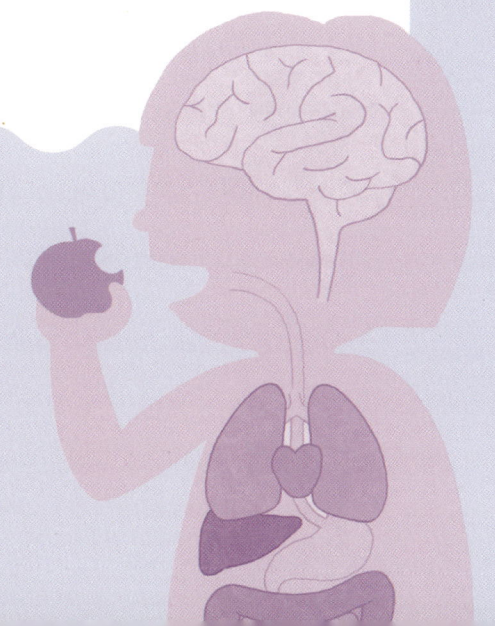

🔍 **시그널 찾기**

거울 속 내 모습을 자세히 관찰해 본 적이 있나요? 피부에 여드름이 나거나, 털이 없던 자리에 거뭇거뭇한 털이 나와 있을 수도 있어요. 지금 우리 몸이 쑥쑥 크고 있다는 시그널을 보내는 거예요.

남녀의 차이가 생기는 2차 성징

아기 때는 남녀를 구분하기 어려워요. 이때 남녀 간에 외형적인 차이는 생식기가 유일해요. 이를 1차 성징이라고 합니다. 이후 성장 과정에서 외형이나 복장이 달라지면서 여자와 남자를 구분할 수 있지만 몸에 눈에 띄는 차이가 나타나지는 않아요. 이 차이가 눈에 띄게 보이기 시작하는 건 2차 성징이 나타날 때부터입니다.

2차 성징이란, 사춘기에 접어들면서 성호르몬의 분비가 왕성해져 신체적으로 남녀가 뚜렷하게 구분되는 현상을 말해요. 남자는 근육이 발달하고, 수염이 나고, 목소리가 낮아집니다. 또 고환이 커지며 남성 호르몬의 영향으로 성격도 이전보다 외향적으로 변하기도 해요. 여자는 골반이 벌어지면서 엉덩이가 커지고, 유방이 발달해요. 여성 호르몬의 영향으로 근육이 줄어들고, 생리를 시작해요. 성격도 이전보다 내향적으로 변하는 경향이 있습니다.

뇌에 있는 뇌하수체가 생식샘 자극 호르몬을 분비하면서 2차 성장이 시작되어요. 남자는 고환에서 남성 호르몬을, 여자는 난소에서 여성 호르몬을 분비하기 시작합니다. 이 호르몬들의 영향을 받아 앞서 보았던 남녀의 신체적 차이가 나타나는 거예요.

이런 신체적 변화에는 공통적인 목표가 있어요. 바로 아기를 만들기에 적합한 몸으로 바뀌는 거예요. 남자는 정자를 만들고 몸 밖으로 배출할 수 있게 변화합니다. 여자는 난자를 만들고 몸속에서 9개월 동안 아기를 보호하여 키울 수 있는 신체로 변화합니다.

신체의 변화와 더불어 사춘기도 시작됩니다. 독립성이 강해지고 감정 기복이 심해집니다. 성에 대한 호기심도 늘어나지요. 가족보다 또래 친구들과 어울리는 시간이 많아지고 자아 정체성과 가치관을 고민하면서 혼자만의 시간을 가지고 싶어 하기도 합니다. 몸과 뇌가 함께 성장하는 거죠. 여러모로 자라기 바쁜 시기입니다.

> 🔍 **시그널 찾기**

남성의 생식기는 밖으로 튀어나와 있어요. 왜 이렇게 생겼을까요? 소중한 유전자를 정확한 목적지로 보내는 데 적합하게 만들어진 거예요.

남자의 생식 기관

하나의 정자에는 귀중한 유전자의 절반이 들어 있어요. 하나의 생명을 만들 수 있는 반쪽 후보들이죠. 고환에서 만들어진 정자가 전립선과 정낭에서 만든 분비물과 섞인 것이 정액이에요.

성관계를 할 때 남자가 정액을 배출하는 행위를 사정이라고 하는데, 사정을 한 번 할 때 배출하는 정자의 수는 약 1억 개 정도예요. 그러니까 모든 수정란은 최소 1억분의 1의 경쟁률을 뚫고 탄생했다고 말할 수 있죠.

고환은 남성 호르몬을 분비하는 기관이에요. 따라서 여기에 문제가 생기면 2차 성징이 제대로 나타나지 않아요. 조선 시대 궁궐에서 일했던 환관은 고환이 제 기능을 하지 못하도록 해서 2차 성징을 막은 예입니다. 이들은 어른이 되어도 수염이 나지 않고, 아이를 가질 수도 없죠.

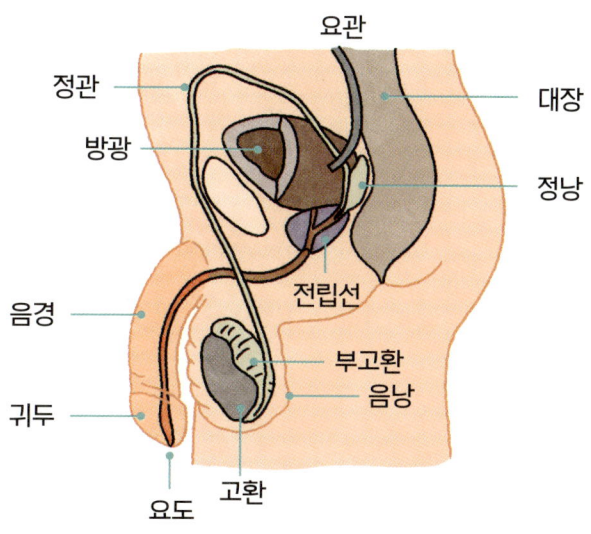

남자의 생식기는 평소에는 말랑말랑한 상태이지만, 특정 자극에 따라 단단하게 변해요. 이를 발기라고 불러요. 주로 시각적인 자극을 받아 흥분하거나 생식기를 만지는 등의 행위로 일어나요. 호르몬 분비가 왕성한 나이에는 발기된 채로 아침에 일어나기도 하죠.

우리 뇌에는 생존에 도움이 되는 행위를 하면 이를 보상해 주는 장치가 있어요. 대표적으로 맛있는 음식을 먹고, 충분한 잠을 자면 기분이 좋아지죠. 이는 더 나아가 배가 고프면 먹고 싶고, 피곤하면 자고 싶은 욕구로 나타나요. 사춘기에 들어서면서 이성에 관심이 커지고, 연인이 생겼을 때 기쁨을 느끼는 것도 이런 보상 작용의 연장선이라고 할 수 있습니다. 이런 관심과 욕구는 자연스러운 것이니 이상하게 생각하지 않아도 돼요. 다만 다른 사람에게 피해가 가지 않게 잘 다스릴 필요가 있습니다.

🔍 시그널 찾기

생리를 시작하면 아랫배가 아파요. 아기를 위해 준비한 푹신한 자궁 내벽이 떨어져 나가면서 자궁을 강하게 조여 생기는 통증이랍니다.

여자의 생식 기관

여성의 생식기는 남자와 반대로 몸 안에 들어 있어요. 성관계를 할 때 남성의 생식기를 받아들이는 통로인 질과, 태아가 자라는 장소인 자궁이 있습니다. 자궁은 매우 신축성이 뛰어난 근육으로 돼 있어서 태아가 자랄 때 함께 늘어나요. 태아는 보통 3~4킬로그램의 크기까지 커요. 평소에는 사람의 손바닥 정도 크기밖에 안 되는 자궁이 태아가 성장하면서 몇 배나 늘어나는 거예요.

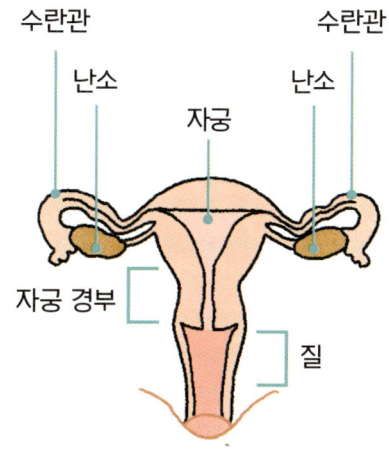

남자의 고환이 정자를 만드는 것처럼 여자의 난소는 난자를 만들어요. 고환이 2개인 것처럼, 난소도 자궁의 양쪽에 쌍으로 2개 있어요. 난소와 자궁은 수란관이라는 길이 7~14센티미터의 가는 관으로 연결돼 있어요. 수란관은 난자와 정자가 만나 수정란이 만들어지는 장소예요.

한 번 사정할 때마다 1억 개의 정자를 쏟아 내는 남자와 달리 여자는 약 한 달에 1개씩 난자를 만들어요. 여자가 임신할 수 있는 기간은 총 30~40년 정도인데, 그동안 400~500개의 난자를 만들 뿐입니다. 그러니까 많은 수로 승부를 거는 정자에 비해 난자는 매우 귀중한 세포인 셈입니다.

고환이 남성 호르몬을 분비하는 것처럼 난소도 여성 호르몬을 분비해 2차 성징을 주도해요. 여성 호르몬은 골반을 발달시키고, 근육이 줄어드는 등의 변화를 일으킵니다.

또한, 자궁 벽이 두꺼워지고 허물어지는 주기적인 변화가 발생해요. 이 과정에서 자궁 내벽이 벗겨지며 출혈이 생겨요. 이를 생리라고 해요. 자궁이 생명을 보호하기에 적합한 환경을 만들기 시작하는 거예요.

🔍 시그널 찾기

갓난아기나 강아지를 보면 엄마 아빠와 미묘하게 닮았죠. 엄마 아빠로부터 유전자를 반반씩 물려받았다는 증거랍니다.

정자가 난자와 만나기까지

남자의 정자와 여자의 난자가 만나면 수정란이 돼요. 이 과정을 수정이라고 불러요. 정자가 난자를 만나기까지의 과정은 쉽지 않아요. 여자의 질에 남자의 정액이 들어가면, 이때부터 1억 개의 정자는 일사불란하게 수란관 안에 있는 난자를 향해 헤엄치기 시작합니다.

첫 번째 난관은 질의 산성도예요. 질 내부는 외부 세균으로부터 자신을 보호하기 위해 산성 성분을 띱니다. 위가 산성인 것과 비슷한 이유죠. 정자는 우선 이걸 극복해야 해요. 90퍼센트 이상의 정자가 이 과정에서 탈락하고 10퍼센트 이내의 정자만 질을 통과해 자궁에 다다라요.

두 번째 난관은 면역 시스템이에요. 백혈구의 일종인 대식 세포가 정자를 외부 물질로 인지해 잡아먹어요. 이 난관까지 극복하고 난자 근처까지 도착하는 정자는 수십에서 수백 개에 불과합니다. 질에서 자궁까지가 약 6~8센티미터이고 난자가 있는 수란관의 길이가 약 7~14센티미터 정도인데 정자의 크기를 사람 크기와 비교하면 약 300킬로미터를 헤엄쳐야 하는 거리예요. 먼 거리를 헤엄쳐 온 정자는 드디어 난자 근처에 도착했어요. 하지만 마지막 난관이 남아 있어요.

세 번째 난관은 난자를 싸고 있는 난구 세포들이에요. 난구 세포는 난자 주변에 덕지덕지 붙어 있어 난자를 보호해요. 이를 뚫어야만 난자를 만날 수 있어요. 허탈하게도 가장 먼저 도착한 1등 그룹의 정자들은 난구 세포를 뚫느라 모든 에너지를 다 쓰고 탈진해요. 이후 도착한 2등 그룹의 정자들 가운데 먼저 도착한 단 하나의 정자만 난자를 만날 수 있습니다.

난자는 첫 번째 정자가 들어오는 순간, 투명대라고 부르는 막을 만들어 다른 정자가 들어오지 못하게 막아요. 이후 정자의 핵과 난자의 핵이 만나면 수정란이 됩니다.

정자와 난자는 원래 인간이 가지고 있어야 할 유전자 중에서 딱 절반씩만 갖고 있어요. 둘이 합쳐지면서 온전한 유전자를 갖추게 되는 거예요. 세상에 하나뿐인 소중한 생명이 탄생하는 순간이죠.

🔍 시그널 찾기

임신 초기에는 겉으로 보기에 배가 많이 나와 있지 않아요. 이런 약한 시그널도 우리가 잘 알아봐야겠죠?

수정란이 아기가 되기까지

수정란은 부모의 유전 정보가 합쳐진 새로운 유기체예요. 이후 수정란은 세포 분열을 거듭하면서 성장해요. 세포 분열이란 세포가 2개로 나뉘지는 현상을 말해요. 그냥 절반으로 나뉘는 게 아니라 안에 든 유전 정보를 똑같이 복사한 다음 나눠지기 때문에 나눠진 둘은 원래 세포와 똑같은 기능을 하게 되죠.

하나의 세포인 수정란이 인간의 형태를 갖춘 '태아'로 자라는 과정은 놀랍고 신비해요. 수정란이 세포 분열을 시작하여 태아가 되기 전까지를 '배아'라고 불러요. 수정에서 임신 8주까지에 해당해요. 임산부가 매우 조심한다는 임신 초기입니다. 우리는 이 배아가 자라는 과정에서 어떤 일이 일어나는지 아주 일부만 알고 있어요.

수정란은 매우 빠른 속도로 분열하다가 가운데가 뻥 뚫린 공처럼 변해요. 이 공의 한쪽이 안으로 말려 들어가요. 그리고 특정 기간에 이르면 세포들은 각각의 기관의 특징에 맞도록 바뀌어요. 대부분의 기관은 수정 후 약 10주에 걸쳐 만들어져요. 그러니까 근육 세포, 뼈세포, 신경 세포 등의 특징을 가진 세포로 변한다는 뜻이에요. 똑같은 유전자를 가진 세포가 각각 다르게 변신한다니 신기하죠.

수정란은 분열을 거듭하면서 수란관에서 빠져나와 자궁 안쪽 벽에 달라붙어요. 제대로 붙지 못하면 살 수 없어요. 이제부터는 엄마로부터 영양분을 받아야만 해요. 배아는 태반이라는 조직에 둘러싸여요. 엄마와 태아 사이에 영양분, 산소, 노폐물, 이산화 탄소 등의 물질을 교환하는 역할을 하죠. 태반은 독특한 조직이에요. 태반은 태아로부터 만들어진 조직이라서 엄마와는 유전적으로 달라요. 우리 몸은 나 자신이 아닌 존재를 적으로 간주하고 죽이는 면역 기능이 있잖아요. 원래대로라면 우리의 면역 체계가 태반을 죽여야 하는데, 그렇게 하지 않죠. 태반에 엄마의 면역 체계를 속이는 기능이 있기 때문이랍니다.

이때 엄마와 태아를 연결하는 줄을 탯줄이라고 불러요. 바로 우리의 배꼽이 탯줄이 달려 있던 자리예요.

배 속에 태아를 가진 엄마는 모든 것이 불편해요. 한 몸에 2개의 생명이 있으니 당연하죠. 태아가 충분히 자라면 엄마의 몸은 아기를 세상에 내보낼 준비를 해요. 호르몬이 분비돼 엄마의 유방에 젖이 차고, 자궁을 밀어내 태아가 나오도록 돕습니다. 우리는 모두 이런 기적적인 과정과 누군가의 희생을 거쳐 세상에 태어났어요. 하나의 생명이 얼마나 유일하고 소중한 존재인지 꼭 알아주면 좋겠어요.

tip

불치병 치료로 주목받는 줄기세포

　배아 상태에서 세포들이 특정 기관으로 변하고 나면 다시는 이전으로 되돌아갈 수 없어요. 변화 이전의 세포를 '줄기세포'라는 이름으로 구분해 불러요. 모든 종류의 세포로 변할 수 있는 세포라는 뜻이죠. 어떤 불치병은 세포가 더는 재생되지 않아서 생겨요. 아직까지 신경 세포는 한 번 파괴되면 회복하기 어려워요. 신경 세포가 망가져 생기는 알츠하이머병이 대표적이죠. 그래서 과학자들은 여러 분야에서 줄기세포를 이용해 손상된 세포를 재생하는 치료법을 연구하고 있답니다.

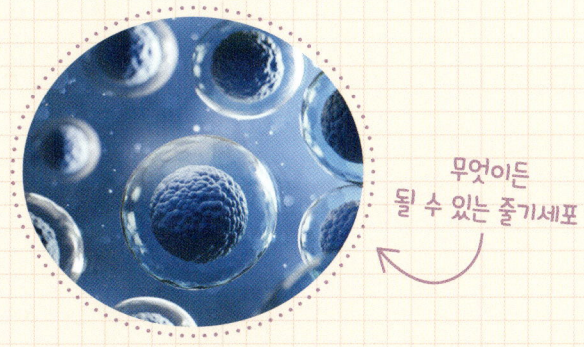

무엇이든 될 수 있는 줄기세포

출처

- **14p** 10유로 센트와 등자뼈를 비교한 사진, Welleschik, CC BY-SA 3.0, via Wikimedia Commons
- **16p** 아래쪽에서 바라본 머리뼈의 모습, Realmastery, CC BY-SA 4.0, via Wikimedia Commons
- **83p** 골전도 이어폰, Sulvyiwang, CC-BY-SA 4.0, via Wikimedia Commons